원리로 이해하고 그림으로 기억해요!

쑥쑥 급수한자

8급 (상)

J PLUS

한자의 원리를 배워요

한자는 여섯 가지 방법으로 만들어지는데, 이것을 육서라고 해요. 육서에는 상형, 지사, 회의, 형성, 전주, 가차가 있어요. 육서를 알아 두면 한자가 만들어진 원리를 이해하는 데 도움이 돼요.

1. 상형 : 사물의 모양을 본뜬 그림 글자예요. 그림처럼 복잡하다가 점점 단순한 모양이 되었어요.

2. 지사 : 구체적으로 모양을 나타낼 수 없는 것을 선이나 점으로 표현하여 의미를 약속한 글자예요.

3. 회의 : 두 개 이상 글자의 뜻을 모아서 만든 글자예요.

日 날 일 ✚ 月 달 월 ＝ 明 밝을 명

人 사람 인 ✚ 木 나무 목 ＝ 休 쉴 휴

4. 형성 : 두 개 이상 글자의 소리와 모양이 합쳐진 글자예요. 소리를 나타내는 부분과 뜻을 나타내는 부분이 있어요.

木 나무 목 ＋ 交 사귈 교 ＝ 校 학교 교

力 힘 력 ＋ 工 장인 공 ＝ 功 공 공

5. 전주 : 이미 있는 한자의 뜻을 늘려서 확대하는 방법이에요.

즐길 락 　 좋아할 요 　 음악 악 　 樂

6. 가차 : 의성어, 의태어, 외래어 등을 표기하려고 글자의 의미와 상관없이 소리만 빌린 글자예요.

France

불란서(佛蘭西) : 프랑스

Paris

파리(巴黎) : 파리

알아보아요 - 뜻이 반대(상대)되는 한자

江	강 강	山	산 산	上	윗 상	下	아래 하
强	강할 강	弱	약할 약	生	날 생	死	죽을 사
古	옛 고	今	이제 금	先	먼저 선	後	뒤 후
苦	쓸 고	樂	즐길 락	手	손 수	足	발 족
高	높을 고	低	낮을 저	心	마음 심	身	몸 신
敎	가르칠 교	習	익힐 습	言	말씀 언	行	다닐 행
敎	가르칠 교	學	배울 학	遠	멀 원	近	가까울 근
南	남녘 남	北	북녘 북	日	날 일	月	달 월
男	사내 남	女	여자 녀(여)	昨	어제 작	今	이제 금
內	안 내	外	바깥 외	長	길 장	短	짧을 단
多	많을 다	少	적을 소	前	앞 전	後	뒤 후
大	큰 대	小	작을 소	朝	아침 조	夕	저녁 석
東	동녘 동	西	서녘 서	祖	할아비 조	孫	손자 손
老	늙을 로(노)	少	젊을 소	左	왼 좌	右	오른 우
母	어미 모	女	여자 녀(여)	晝	낮 주	夜	밤 야
問	물을 문	答	대답 답	天	하늘 천	地	땅 지
父	아비 부	母	어미 모	春	봄 춘	秋	가을 추
父	아비 부	子	아들 자	出	날 출	入	들 입
分	나눌 분	合	합할 합	夏	여름 하	冬	겨울 동
死	죽을 사	活	살 활	兄	형 형	弟	아우 제

차례

재미있는 전래동화 이야기

단계별로 주제와 어울리는 한자를 모았어요.

배울 한자를 제시하였어요.

문장 힌트를 읽고 그림 속에서 숨은 한자 찾아보아요.

어떤 이야기장면 인지 설명이 들어 있어요.

그림과 설명으로 한자의 원리를 재미있게 익혀요.

하루에 두 글자씩 한자를 익혀요

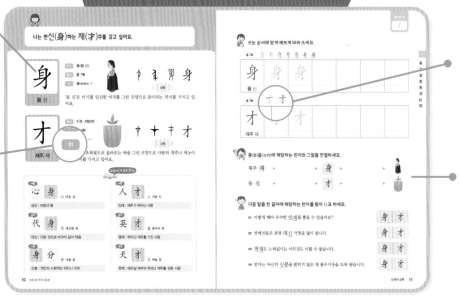

中
중국 간체자와 병음, 한글 발음을 함께 표기하였어요.

획순을 따라 바르게 써보아요.

신나는 연습문제로 그날 배운 한자들을 확인해보아요.

연습문제

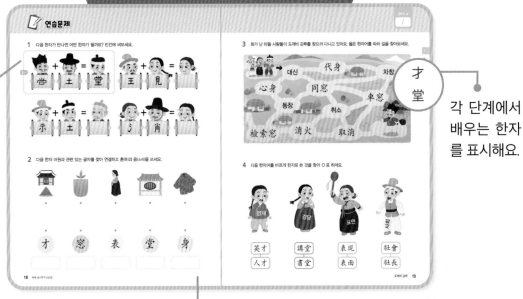

배운 한자들을 재미
있는 퀴즈와 문제로
풀어보며 실력을 확
인해요.

각 단계에서
배우는 한자
를 표시해요.

훈과 음 바르게 읽기, 관련 있는 한자어 고르기 등
다양한 문제가 들어있어요.
자기주도학습으로 혼자 할 수 있어요.

기출 · 예상문제

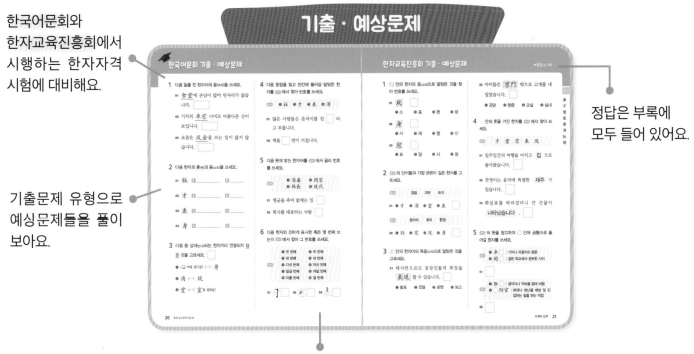

한국어문회와
한자교육진흥회에서
시행하는 한자자격
시험에 대비해요.

정답은 부록에
모두 들어 있어요.

기출문제 유형으로
예상문제들을 풀이
보아요.

확인문제와 연습문제, 기출예상문제로
총 3회 이상 반복하여 복습할 수 있어요.

재주가 뛰어난 감투

한 영감님이 도깨비 감투를 쓰고 남의 집堂 창窓문을 드나들며 물건을 훔쳤어요.
도깨비 감투는 몸身을 감추는 재주才가 있어서 영감의 짓이라는 것을 아무도 몰랐어요.
하루는 달궈진 쇠에 감투 겉表이 타서 구멍이 나는 바람에 빨간 헝겊으로 기웠어요.

문장 힌트를 읽고 그림 속에 숨은 한자를 찾아봅시다.

身 才 堂 窓 表 消 社 現

그 후 도깨비 감투는 빨간 헝겊 부분만 사라지지消 않고 보였어요.
그래서 마을 사람들은 빨간 헝겊이 나타나면現 위험하다는 걸 눈치챌 수 있었어요.
결국 사람들은 날을 잡아서 모여社 있다가 빨간 헝겊이 나타나자 힘을 합쳐 잡았어요.

"도깨비 감투 설화"는 도깨비 감투를 쓰고 나쁜 짓을 일삼던 영감이 결국은 마을 사람들에게 붙잡혀 벌을 받게 된다는 이야기예요. 많은 사람이 변신하거나 투명인간이 되고자 하는 꿈을 꾸게 되는데, 이 이야기는 이러한 꿈을 충족시키는 동시에 또 도덕적이지 못한 행동을 할 경우 철저하게 벌을 받게 된다는 교훈이 담겨 있어요.

나는 변신(身)하는 재(才)주를 갖고 싶어요.

몸 신

부수	身(몸 신)
획수	총 7획
中	身(shēn) 션*

상형

'몸 신'은 아기를 임신한 여자를 그린 모양으로 몸이라는 의미를 가지고 있어요.

재주 재

부수	扌(手, 재방변)
획수	총 3획
中	才(cái) 차이

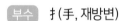

상형

'재주 재'는 초록빛으로 올라오는 싹을 그린 모양으로 사람의 재주나 재능이라는 의미를 가지고 있어요.

교과서 속 숨은 한자

 겨울

心 身   心 마음 심

심신 : 마음과 몸

 국어

代 身   代 대신할 대

대신 : 다른 것으로 바꾸어 갈아 채움

 사회

身 分   分 나눌 분

신분 : 개인의 사회적인 위치나 지위

 사회

人 才   人 사람 인

인재 : 재주가 뛰어난 사람

 국어

英 才   英 꽃부리 영

영재 : 뛰어난 재주를 가진 사람

 국어

天 才   天 하늘 천

천재 : 태어날 때부터 뛰어난 재주를 갖춘 사람

쓰는 순서에 맞게 예쁘게 따라 쓰세요.

총 7획 身 身 身 身 身 身 身

身	身	身				
몸 신						

총 3획 才 才 才

才	才	才				
재주 재						

 훈(뜻)음(소리)에 해당하는 한자와 그림을 연결하세요.

재주 재 •

몸 신 •

身 •

才 •

 다음 밑줄 친 글자에 해당하는 한자를 찾아 ○표 하세요.

01 어떻게 해야 우수한 **인재**를 뽑을 수 있을까요?

身   才

02 연예인들은 본명 **대신** 가명을 많이 씁니다.

身   才

03 **천재**도 노력없이는 아무것도 이룰 수 없습니다.

身   才

04 엄마는 자신의 **신**분을 밝히지 않은 채 불우이웃을 도와 왔습니다.

身   才

서당(堂) 남쪽으로 창(窓)이 나 있어요.

집 당

부수	土(흙 토)
획수	총 11획
中	堂(táng) 탕

尚 + 土 형성

'집 당'은 땅 위에 지은 집을 그린 모양이에요.

창 창

부수	穴(구멍 혈)
획수	총 11획
中	窗(chuāng) 츄앙*

穴 + 悤 형성

'창 창'은 집 안에 있는 창문을 그린 모양이에요.

교과서 속 숨은 한자

과학

講 堂   講 외울 강

강당 : 여러 사람이 모여 이야기를 하거나 듣는 장소

가을

敬 老 堂   敬 공경할 경
　　　　　　 老 늙을 로

경로당 : 노인들이 모여서 쉴 수 있게 마련한 집

국어

食 堂   食 밥 식

식당 : 건물 안에 식사를 할 수 있게 만든 장소

사회

同 窓   同 한가지 동

동창 : 같은 학교에서 공부한 사이

국어

車 窓   車 수레 차

차창 : 기차나 자동차의 창문

사회

檢 索 窓   檢 검사할 검
　　　　　　 索 찾을 색

검색창 : 인터넷에서 찾으려고 하는 말을 입력하는 곳

쓰는 순서에 맞게 예쁘게 따라 쓰세요.

총11획 堂堂堂堂堂堂堂堂堂堂堂

堂	堂	堂				
집 당						

총11획 窓窓窓窓窓窓窓窓窓窓窓

窓	窓	窓				
창 창						

 다음 한자의 훈(뜻)과 음(소리)을 쓰세요.

堂 훈 _____ 음 _____

窓 훈 _____ 음 _____

 다음 빈칸에 들어갈 알맞은 한자를 쓰세요.

01 많은 직장인이 구내 食 [ ] 에서 점심을 먹습니다.

02 아빠는 길가에서 고등학교 同 [ ] 을 만나 반가워했습니다.

03 자료를 찾기 위하여 인터넷 檢 索 [ ] 을 켰습니다.

04 올해는 비가 와서 졸업식이 講 [ ] 에서 진행되었습니다.

재주가 뛰어난 감투 **13**

(세로) 1 身 才 堂 窓 表 消 社 現

실망한 표(表)정을 보니 행사가 취소(消)되었군요.

겉 표

부수	衣(옷 의)
획수	총 8획
中	表(biǎo) 비아오

毛 + 衣 회의

'겉 표'는 털로 만든 옷을 그린 것으로 나중에 겉, 바깥의 의미를 가지게 되었어요.

사라질 소

부수	氵(삼수변)
획수	총 10획
中	消(xiāo) 시아오

水 + 肖 형성

'사라질 소'는 작게 부서져 사라지는 물을 그린 모양으로 사라진다는 의미가 있어요.

교과서 속 숨은 한자

 안전

表 面   面 낯 면

표면 : 겉으로 드러난 면

 사회

代 表   代 대신할 대

대표 : 전체의 상태나 성질을 어느 하나로 잘 나타냄

 국어

表 現   現 나타날 현

표현 : 생각이나 느낌을 겉으로 나타냄

 과학

消 火   火 불 화

소화 : 불을 끔

 안전

消 毒   毒 독 독

소독 : 병균을 죽여 없애는 일

 국어

取 消   取 가질 취

취소 : 생각이나 약속을 없애 버림

쓰는 순서에 맞게 예쁘게 따라 쓰세요.

총8획	表 表 表 表 表 表 表 表					
表	表	表				
겉 표						

총10획	消 消 消 消 消 消 消 消 消 消					
消	消	消				
사라질 소						

다음 그림을 보고 알맞은 한자를 찾아 ○표 하세요.

   表 ┊ 消      表 ┊ 消

다음 밑줄 친 한자어의 음(소리)을 쓰세요.

01 그 선수는 국가 代表 팀에 합류하게 되었습니다. →

02 친구들과 가기로 한 여행이 태풍으로 인해 取消되었습니다. →

03 消火기는 눈에 잘 띄는 곳에 두어야 합니다. →

04 지금의 행복한 심정을 말로 다 表現할 수가 없습니다. →

사(社)회시간에 감정을 표현(現)하는 법을 배웠어요.

모일 사

부수	示(보일 시)
획수	총 8획
中	社(shè) 셔*

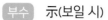

示 + 土 회의

'모일 사'는 토지의 신에게 제사를 지내는 제단을 그린 모양으로 제사를 지내기 위해서는 많은 사람이 모인다는 의미로 쓰이게 되었어요.

나타날 현

부수	王(玉 구슬 옥)
획수	총 11획
中	現(xiàn) 시엔

王 + 見 형성

'나타날 현'은 광채 나는 옥을 바라보고 있는 사람을 그린 모양으로 나중에 나타난다는 의미로 쓰이게 되었어요. *玉(구슬 옥)은 王(임금 왕)으로 생략해서 쓰이기도 해요.

교과서 속 숨은 한자

가을
社 會   會 모일 회

사회 : 함께 생활하는 사람들의 모임

국어
本 社   本 근본 본

본사 : 주가 되는 회사를 지사에 상대하여 말함

국어
社 長   長 길/어른 장

사장 : 회사를 대표하는 사람

국어
出 現   出 날 출

출현 : 없던 것이 나타남

국어
現 代   代 대신할 대

현대 : 지금의 사회

겨울
現 象   象 코끼리 상

현상 : 보거나 느낄 수 있는 사물의 모양과 상태

쓰는 순서에 맞게 예쁘게 따라 쓰세요.

총8획 社 社 社 社 社 社 社 社

社	社	社				
모일 사						

총11획 現 現 現 現 現 現 現 現 現 現 現

現	現	現				
나타날 현						

身 才 堂 窓 表 消 社 現

다음 한자에 해당하는 음(소리)을 찾아 ○표 하세요.

 現 사 현

 社 사 현

다음 밑줄 친 글자의 한자를 쓰세요.

01 건전한 젊은이들이 있는 **사**회의 미래는 희망찹니다. →

02 **현**대사회는 사람들의 개성이 더욱 중시되고 있습니다. →

03 **사**장이 먼저 솔선수범해서 열심히 일하니, 직원들도 열심히 일합니다. →

04 지구 온난화로 인해 기후에 이상 **현**상이 있습니다. →

연습문제

1 다음 한자가 만나면 어떤 한자가 될까요? 빈칸에 써보세요.

보기

尙 + 土 = 堂

王 + 見 =

示 + 土 =

氵 + 肖 =

2 다음 한자 어원과 관련 있는 글자를 찾아 연결하고 훈(뜻)과 음(소리)을 쓰세요.

才　　窓　　表　　堂　　身

3 화가 난 마을 사람들이 도깨비 감투를 찾으러 다니고 있어요. 옳은 한자어를 따라 길을 찾아보세요.

4 다음 한자어를 바르게 한자로 쓴 것을 찾아 ○표 하세요.

1 다음 밑줄 친 한자어의 음(소리)을 쓰세요.

01 <u>食堂</u>에 손님이 많아 빈자리가 없습니다. ☐

02 기차의 <u>車窓</u> 너머로 아름다운 산이 보입니다. ☐

03 요즘은 <u>現金</u>을 쓰는 일이 많지 않습니다. ☐

2 다음 한자의 훈(뜻)과 음(소리)을 쓰세요.

01 社 훈＿＿＿＿ 음＿＿＿

02 才 훈＿＿＿＿ 음＿＿＿

03 表 훈＿＿＿＿ 음＿＿＿

04 身 훈＿＿＿＿ 음＿＿＿

3 다음 중 상대(반대)되는 한자끼리 연결되지 않은 것을 고르세요. ☐

❶ 心 마음 심[7급] ⟷ 身

❷ 消 ⟷ 現

❸ 堂 ⟷ 室 집 실[8급]

4 다음 문장을 읽고 빈칸에 들어갈 알맞은 한자를 보기 에서 찾아 번호를 쓰세요.

보기 　❶社　❷才　❸表　❹消

01 많은 사람들은 준석이를 천 ☐ 라고 부릅니다.

02 벽돌 ☐ 면이 거칩니다.

5 다음 뜻에 맞는 한자어를 보기 에서 골라 번호를 쓰세요.

보기 　❶消毒　❷同窓
　　　 ❸社長　❹現代

01 병균을 죽여 없애는 일 ☐

02 회사를 대표하는 사람 ☐

6 다음 한자의 진하게 표시한 획은 몇 번째 쓰는지 보기 에서 찾아 그 번호를 쓰세요.

보기
❶ 첫 번째　　❷ 두 번째
❸ 세 번째　　❹ 네 번째
❺ 다섯 번째　❻ 여섯 번째
❼ 일곱 번째　❽ 여덟 번째
❾ 아홉 번째　❿ 열 번째

01 身 ☐　02 窓 ☐　03 表 ☐

1 🔳 안의 한자의 음(소리)으로 알맞은 것을 찾아 번호를 쓰세요.

01 現 ☐
  ❶ 소   ❷ 표   ❸ 현   ❹ 당

02 身 ☐
  ❶ 사   ❷ 재   ❸ 창   ❹ 신

03 窓 ☐
  ❶ 표   ❷ 당   ❸ 사   ❹ 창

2 보기 의 단어들과 가장 관련이 깊은 한자를 고르세요.

보기   껍질   피부   표지

01 ❶ 才 ❷ 消 ❸ 堂 ❹ 表 ☐

보기   동아리   회의   합창

02 ❶ 社 ❷ 窓 ❸ 現 ❹ 身 ☐

3 🔳 안의 한자어의 독음(소리)으로 알맞은 것을 고르세요.

01 대사만으로도 등장인물의 특징을 表現 할 수 있습니다. ☐
  ❶ 발표   ❷ 전달   ❸ 표현   ❹ 보고

02 아이들은 窓門 밖으로 고개를 내밀었습니다. ☐
  ❶ 강당   ❷ 창문   ❸ 교실   ❹ 실내

4 🔳 안의 뜻을 가진 한자를 보기 에서 찾아 쓰세요.

보기   才 堂 窓 表 現

01 일주일간의 여행을 마치고 집 으로 돌아왔습니다. ☐

02 찬영이는 음악에 특별한 재주 가 있습니다. ☐

03 화살표를 따라갔더니 큰 건물이 나타났습니다 . ☐

5 보기 의 뜻을 참고하여 ○ 안에 공통으로 들어갈 한자를 쓰세요.

보기 ❶ 車○ : 기차나 자동차의 창문
     ❷ 同○ : 같은 학교에서 공부한 사이

01 ☐

보기 ❶ 取○ : 생각이나 약속을 없애 버림
     ❷ ○防官 : 화재나 재난을 예방 및 진압하는 일을 하는 직업

02 ☐

신기한 맷돌과 소금

和

착한 농부의 집에 원하는 걸 말하면 무엇이든 나오는 신神기한 맷돌이 있었어요.
평화和롭던 어느 날, 한 욕심많은 영감이 맷돌을 훔치려고 집안에 숨어들었어요.
영감은 맷돌을 들고 뒤를 살피며省 바다로 달려가서 배를 탔어요.

神

省

神

가

문장 힌트를 읽고 그림 속에 숨은 한자를 찾아봅시다.

神 和 勇 省 雪 發 高 用

22

영감은 소금이 나오기를 바라며 **날랜勇** 손놀림으로 맷돌을 돌렸어요.
눈雪처럼 하얀 소금이 **피어發** 오르더니 산처럼 **높이高** 쌓여갔어요.
온갖 방법을 **써用** 보았지만, 맷돌이 멈추지 않아 배는 그만 가라앉고 말았어요.

? 用 勇 高 發 雪

"소금 나오는 맷돌 설화"는 한 영감이 원하는 걸 말하면 무엇이든 나오는 신기한 맷돌을 훔친 후, 바다 한가운데에 이르러 맷돌을 돌려서 소금을 나오게 했지만 멈추는 방법을 알지 못하여 결국 배와 함께 바다 밑으로 가라앉고 말았다는 이야기예요. 바닷물이 짠 이유는 지금도 그 맷돌에서 소금이 나오고 있기 때문이라고 해요.

천신(神)이 나타나 마을을 평화(和)롭게 만들어 주었어요.

귀신 신

부수 示(보일 시)

획수 총 10획

中 神(shén) 션*

示 + 申 형성

'귀신 신'은 번개가 내리치는 제단을 그린 모양으로 신, 신령이라는 의미를 가지고 있어요.

화할 화

부수 口(입 구)

획수 총 8획

中 和(hé) 흐어

禾 + 口 형성

'화할 화'는 (피리) 소리가 고르게 퍼져나가는 모습을 그린 모양으로 조화롭다라는 의미를 가지고 있어요.

교과서 속 숨은 한자

국어

 童

童 아이 동

신동 : 재주가 뛰어난 아이

국어

精

精 정할 정

정신 : 마음의 자세나 태도

수학

神

祕 숨길 비

신비 : 매우 놀랍고 신기함

사회

平

平 평평할 평

평화 : 평온하고 화목함

도덕

 解

解 풀 해

화해 : 싸움을 멈추고 나쁜 감정을 풀어 없앰

국어

合 합할 합

화합 : 화목하게 어울림

쓰는 순서에 맞게 예쁘게 따라 쓰세요.

총 10획 神 神 神 神 神 神 神 神 神 神

神	神	神				
귀신 신						

총 8획 和 和 和 和 和 和 和 和

和	和	和				
화할 화						

神
和
勇
省
雪
發
高
用

 훈(뜻)음(소리)에 해당하는 한자와 그림을 연결하세요.

귀신 신 •　　　　　• 神 •　　　　　•

화할 화 •　　　　　• 和 •　　　　　•

 다음 밑줄 친 글자에 해당하는 한자를 찾아 ○표 하세요.

01 하루 종일 정신없이 뛰어다녀서 몸이 너무 피곤했습니다.　　神　和

02 세상에는 쉽게 설명할 수 없는 신비로운 일이 많습니다.　　神　和

03 나는 친구와 크게 싸우고 지금까지 화해하지 못했습니다.　　神　和

04 폭력적인 방법으로는 평화를 이룰 수 없습니다.　　神　和

그때 용(勇)기를 내지 못한 것을 반성(省)했어요.

勇

날랠 용

부수	力(힘 력)
획수	총 9획
中	勇(yǒng) 용

力 + 甬 형성

'날랠 용'은 고리가 달린 무거운 쇠 종을 드는 것을 그린 모양으로 용감하다는 의미를 가지고 있어요.

省

살필 성 / 덜 생

부수	目(눈 목)
획수	총 9획
中	省(shěng) 성*

少 + 目 회의

'살필 성'은 초목을 바라보고 있는 모습을 그린 모양으로 백성들의 안위를 살피다라는 의미를 가지고 있어요.

교과서 속 숨은 한자

勇 氣 氣 기운 기

용기 : 씩씩하고 굳센 기운

勇 猛 猛 사나울 맹

용맹 : 용감하고 사나움

勇 敢 敢 감히 감

용감 : 용기 있고 씩씩함

反 省 反 돌이킬 반

반성 : 잘못된 게 없는지 돌이켜 봄

省 墓 墓 무덤 묘

성묘 : 조상의 무덤을 찾아가서 돌봄

省 略 略 간략할 략

생략 : 줄이거나 뺌

쓰는 순서에 맞게 예쁘게 따라 쓰세요.

총 9획	勇勇勇勇勇勇勇勇勇					

날랠 용

총 9획	省省省省省省省省省					

살필 성 / 덜 생

2

神
和
勇
省
雪
發
高
用

다음 한자의 훈(뜻)과 음(소리)을 쓰세요.

勇 — 훈 _____ 음 _____

省 — 훈 _____ 음 _____ / 훈 _____ 음 _____

다음 빈칸에 들어갈 알맞은 한자를 쓰세요.

01 소방대원은 아이를 구하려고 [ ] 敢 하게 불길 속으로 뛰어들었습니다.

02 지난날을 뒤돌아보며 反 [ ] 할 시간이 필요합니다.

03 시간이 충분하지 않아 복잡한 절차는 [ ] 略 하였습니다.

04 이 글은 사람들에게 [ ] 氣 와 희망을 줍니다.

눈이 와서 제설(雪)차를 출발(發)시켰어요.

눈 설

부수	雨(비 우)
획수	총 11획
中	雪(xuě) 슈에

雨 + 彗 회의

'눈 설'은 하늘에서 내리는 눈을 쓸고 있는 빗자루를 그린 모양이에요.

필 발

부수	癶(필발머리)
획수	총 12획
中	发(fā) 파*

癶 + 弓 + 殳 형성

'필 발'은 도망가는 사람을 향해 화살을 쏘는 모습을 그린 모양이에요.

교과서 속 숨은 한자

안전

暴
暴 사나울 폭

폭설 : 갑자기 많이 내리는 눈

과학

除 雪
除 덜 제

제설 : 쌓인 눈을 치우거나 그런 일

사회

大
大 큰 대

대설 : 아주 많이 오는 눈

사회

 生
生 날 생

발생 : 어떤 일이나 사물이 생겨남

국어

發 表
表 겉 표

발표 : 여럿에게 드러내어 알림

수학

出 날 출

출발 : 목적지를 향해 나아감

쓰는 순서에 맞게 예쁘게 따라 쓰세요.

총11획	雪 雪 雪 雪 雪 雪 雪 雪 雪 雪 雪						
雪	雪	雪					
눈 설							

총12획	發 發 發 發 發 發 發 發 發 發 發 發						
發	發	發					
필 발							

다음 그림을 보고 알맞은 한자를 찾아 ○표 하세요.

 雪 發

 雪 發

다음 밑줄 친 한자어의 음(소리)을 쓰세요.

01 暴雪이 내려 도로가 얼어붙어 차들이 기어 다닙니다. →

02 많은 눈이 내려 除雪작업을 하러 나갔습니다. →

03 열차 시간표대로 기차는 정각에 出發하였습니다. →

04 오늘은 대학 합격자 發表가 있는 날입니다. →

고(高)등학생들은 스마트폰을 잘 이용(用)해요.

高

높을 고

부수 高(높을 고)
획수 총 10획
中 高(gāo) 까오

상형

'높을 고'는 높게 지어진 누각을 그린 모양이에요.

用

쓸 용

부수 用(쓸 용)
획수 총 5획
中 用(yòng) 용

상형

'쓸 용'은 나무로 만든 통을 그린 모양으로 쓰다라는 의미를 가지고 있어요.

교과서 속 숨은 한자

 사회

高 麗 麗 고울 려

고려 : 918년 왕건이 궁예를 몰아내고 세운 나라

 가을

最 高 最 가장 최

최고 : 가장 높거나 으뜸임

 가을

高 速 速 빠를 속

고속 : 빠른 속도

 국어

用 例 例 법식 례(예)

용례 : 쓰고 있는 예

 수학

活 用 活 살 활

활용 : 충분히 잘 이용함

 사회

一 回 用 一 한 일
回 돌아올 회

일회용 : 한 번 쓰고 버림

쓰는 순서에 맞게 예쁘게 따라 쓰세요.

총10획	高 高 高 高 高 高 高 高 高 高						
高	高	高					
높을 고							

총5획	用 用 用 用 用						
用	用	用					
쓸 용							

다음 한자에 해당하는 음(소리)을 찾아 ○표 하세요.

高 　고 ┊ 용

用 　고 ┊ 용

다음 밑줄 친 글자의 한자를 쓰세요.

01 건강에는 규칙적인 식사와 적당한 운동이 **최고**입니다. ➡ ☐

02 환경을 오염시키는 **일회용** 제품의 사용을 자제해야 합니다. ➡ ☐

03 컴퓨터를 잘 **활용**하면 문서 정리가 훨씬 쉽습니다. ➡ ☐

04 **고려**청자는 우리 민족의 소중한 문화재입니다. ➡ ☐

연습문제

1 가로줄과 세로줄에 [보기]의 한자들이 겹치지 않도록 한자를 찾아 쓰세요.

[보기]

발	화
용	신

		和	
和	神	勇	
	勇	發	和
	和		

2 다음 한자 어원과 관련 있는 글자를 찾아 연결하고 훈(뜻)과 음(소리)을 쓰세요.

高　　雪　　省　　神　　用

3 이웃집 영감이 맷돌을 들고 바다로 도망가고 있어요. 훈(뜻)음(소리)을 바르게 읽은 것을 따라가세요.

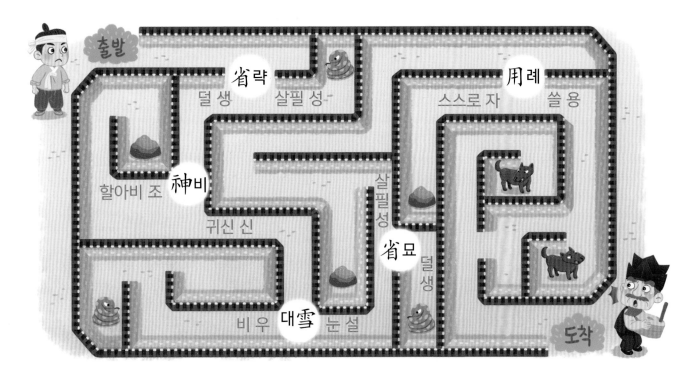

4 어느 맷돌에서 나온 소금일까요? 알맞은 것을 찾아 연결하세요.

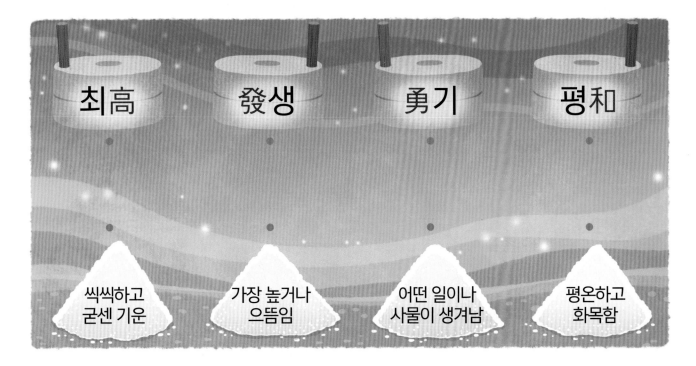

1 다음 밑줄 친 한자어의 음(소리)을 쓰세요.

01 <u>平和</u>로운 산골 마을입니다.

[ ]

02 선생님 덕분에 <u>勇氣</u>를 냈습니다.

[ ]

03 합격자 <u>發表</u>는 내일입니다.

[ ]

2 다음 한자의 훈(뜻)과 음(소리)을 쓰세요.

01 雪 훈_____ 음_____

02 神 훈_____ 음_____

03 高 훈_____ 음_____

04 用 훈_____ 음_____

3 다음 중 상대(반대)되는 한자끼리 연결되지 않은 것을 고르세요. [ ]

❶ 反 돌이킬 반[6급] ⟷ 省

❷ 高 ⟷ 低 낮을 저[4급]

❸ 教 [8급] ⟷ 學 [8급]

4 다음 문장을 읽고 빈칸에 들어갈 알맞은 한자를 보기 에서 찾아 번호를 쓰세요.

보기 ❶ 用 ❷ 發 ❸ 神 ❹ 和

01 장사는 신[ ]이 생명입니다.

02 모두 [ ]합해야 이 어려움을 극복할 수 있습니다.

5 다음 뜻에 맞는 한자어를 보기 에서 골라 번호를 쓰세요.

보기 ❶ 出發 ❷ 除雪
      ❸ 省略 ❹ 活用

01 줄이거나 뺌 [ ]

02 충분히 잘 이용함 [ ]

6 다음 한자의 진하게 표시한 획은 몇 번째 쓰는지 보기 에서 찾아 그 번호를 쓰세요.

보기
❶ 첫 번째   ❷ 두 번째
❸ 세 번째   ❹ 네 번째
❺ 다섯 번째   ❻ 여섯 번째
❼ 일곱 번째   ❽ 여덟 번째
❾ 아홉 번째   ❿ 열 번째

01 發 [ ]   02 神 [ ]   03 用 [ ]

1 ▩ 안의 한자의 음(소리)으로 알맞은 것을 찾아 번호를 쓰세요.

01 高 ☐

❶ 고　❷ 화　❸ 발　❹ 당

02 勇 ☐

❶ 성　❷ 설　❸ 남　❹ 용

03 神 ☐

❶ 생　❷ 신　❸ 조　❹ 발

2 보기 의 단어들과 가장 관련이 깊은 한자를 고르세요.

> 보기 　육각형　겨울　흰색

01 ❶ 省　❷ 雪　❸ 和　❹ 勇 ☐

> 보기 　비행기　하늘　탑

02 ❶ 用　❷ 神　❸ 現　❹ 高 ☐

3 ▩ 안의 한자어의 독음(소리)으로 알맞은 것을 고르세요.

01 매일 밤 하루를 돌아보며 反省 의 시간을 갖습니다. ☐

❶ 실내　❷ 용기　❸ 고수　❹ 반성

02 바람을 利用 하여 풍차를 돌립니다. ☐

❶ 대용　❷ 제설　❸ 이용　❹ 신비

4 ▩ 안의 뜻을 가진 한자를 보기 에서 찾아 쓰세요.

> 보기 　用　勇　省　雪　發

01 주위를 잘 **살펴** 본 후 길을 건넙니다. ☐

02 바위틈에 민들레꽃이 **피어** 있었습니다. ☐

03 책 내용을 이해시키기 위해 온갖 방법을 다 **썼습니다** . ☐

5 보기 의 뜻을 참고하여 ◯ 안에 공통으로 들어갈 한자를 쓰세요.

> 보기
> ❶ ◯童 : 재주가 뛰어난 아이
> ❷ 精◯ : 마음의 자세나 태도

01 ☐

> 보기
> ❶ ◯略 : 줄이거나 뺌
> ❷ ◯墓 : 조상의 무덤을 찾아가서 돌봄

02 ☐

견우, 직녀의 행복한 만남

견우와 직녀는 결혼해서 행幸복하게 살고 있었어요.

그런데 즐겁게樂 놀기만 하고 일業은 게을리하자 옥황상제가 크게 노했어요.

그들은 결국 벌을 받아 은하수 양쪽에 떨어져서 함께共 살지 못하게 되었어요.

문장 힌트를 읽고 그림 속에 숨은 한자를 찾아봅시다.

業	幸	短	共	樂	部	聞	計

까막까치들은 견우와 직녀의 사연을 듣고聞 도와주고 싶었어요.
셀計 수 없이 많은 까막까치 떼部가 하늘로 올라가 다리를 만들어 주었어요.
견우와 직녀는 그 다리를 건너 일 년에 한 번 짧게短라도 만날 수 있게 되었어요.

"견우와 직녀 설화" 견우와 직녀는 행복한 결혼생활에 빠져서 게을리 지내다가 벌을 받아 은하수 양쪽에 떨어져 살게 되었어요. 하지만 마음씨 착한 까막까치들이 다리를 만들어 주어서 일 년에 한 번, 음력 7월 7일에 만날 수 있게 되었다는 이야기예요. 전하는 말에 의하면 이날 내리는 비는 바로 견우와 직녀가 만나고 헤어질 때 흘리는 눈물이라고 해요.

엄마는 누나가 취업(業)을 해서 다행(幸)이라고 했어요.

업 업

부수	木(나무 목)
획수	총 13획
中	业(yè) 예

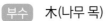 

상형

'업 업'은 종이나 석경을 걸어서 사용하던 악기의 걸개와 받침대를 그린 모양으로 나중에 직업이라는 의미를 가지게 되었어요.

다행 행

부수	干(방패 간)
획수	총 8획
中	幸(xìng) 씽

상형

'다행 행'은 수갑과 벽에 고정하는 쇠를 그린 것으로 죄를 지은 사람을 잡아서 다행이라는 의미에서 다행, 행복이라는 의미를 가지게 되었어요.

교과서 속 숨은 한자

開 業
開 열 개

개업 : 영업이나 사업을 시작함

本 業
本 근본 본

본업 : 주가 되는 직업

業 績
績 길쌈 적

업적 : 노력을 들여 이뤄낸 훌륭한 결과

不 幸
不 아닐 불

불행 : 행복하지 아니함

多 幸
多 많을 다

다행 : 운이 좋음

幸 運
運 옮길 운

행운 : 좋은 운

쓰는 순서에 맞게 예쁘게 따라 쓰세요.

총 13획	業業業業業業業業業業業業業

業	業	業				
업 업						

총 8획	幸幸幸幸幸幸幸幸

幸	幸	幸				
다행 행						

業
幸
短
共
樂
部
聞
計

 훈(뜻)음(소리)에 해당하는 한자와 그림을 연결하세요.

다행 행 •   • 業 •

업 업 •   • 幸 •

 다음 밑줄 친 글자에 해당하는 한자를 찾아 ○표 하세요.

01 당신의 앞날에 늘 건강과 <u>행</u>운이 함께 하길 빕니다.

02 일이 잘 해결되어 다<u>행</u>입니다.

03 세종대왕은 역사에 길이 남을 많은 <u>업</u>적을 이루었습니다.

04 삼촌은 치과대학을 졸업하고 치과를 개<u>업</u>하였습니다.

幸 ┊ 業

幸 ┊ 業

幸 ┊ 業

幸 ┊ 業

견우, 직녀의 행복한 만남 **39**

단(短)축 수업을 하자는 의견이 가장 많은 공(共)감을 얻었어요.

短

짧을 단

부수 矢(화살 시)
획수 총 12획
中 短(duǎn) 두안

矢 + 豆 회의

'짧을 단'은 화살 던지기를 하는 모습을 그린 모양으로 실제로 활을 쏘는 것보다 거리가 짧다, 가깝다라는 의미를 가지고 있어요.

共

함께 공

부수 八(여덟 팔)
획수 총 6획
中 共(gòng) 꽁

상형

'함께 공'은 네모 모양의 그릇을 두 손으로 공손히 들고 있는 모습을 그린 모양으로 함께, 다같이라는 의미를 가지고 있어요.

교과서 속 숨은 한자

국어

短 文
文 글월 문

단문 : 짧은 글

국어

短 點
點 점 점

단점 : 잘못되고 모자라는 점

과학

短 縮
縮 줄일 축

단축 : 시간이나 거리를 짧게 줄임

사회

共 用
用 쓸 용

공용 : 함께 씀

국어

共 感
感 느낄 감

공감 : 다른 사람과 똑같이 생각하거나 느낌

겨울

共 通
通 통할 통

공통 : 여러 사이에 같거나 비슷한 것

쓰는 순서에 맞게 예쁘게 따라 쓰세요.

총12획 短 短 短 短 短 短 短 短 短 短 短 短

短	短	短				
짧을 단						

총6획 共 共 共 共 共 共

共	共	共				
함께 공						

다음 한자의 훈(뜻)과 음(소리)을 쓰세요.

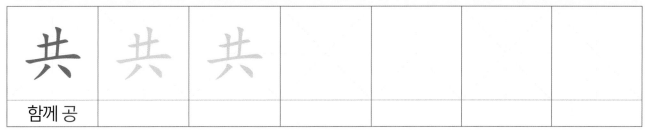

短 훈_____ 음_____

共 훈_____ 음_____

다음 빈칸에 들어갈 알맞은 한자를 쓰세요.

01 우리는 [ ]用 주차장에 차를 세우고, 관광하였습니다.

02 오늘은 [ ]縮 수업이라 수업이 일찍 끝났습니다.

03 수진이와 지연이의 [ ]通 점은 성실하다는 것입니다.

04 사람은 누구나 장점과 [ ]點 을 갖고 있습니다.

우리는 음악(樂)부(部)에서 1년 동안 동고동락(樂)했어요.

즐길 락 / 음악 악

부수	木(나무 목)
획수	총 15획
中	乐(lè) ㄹ어

상형

'즐길 락'은 나무 받침대 위에 올려져 있는 현악기를 그린 모양으로 음악이라는 의미였다가 나중에 즐겁다라는 의미를 가지게 되었어요.

떼 부

부수	阝(우부방)
획수	총 11획
中	部(bù) 뿌

音 + 阝 형성

'떼 부'는 고을이나 마을을 나누어 구분한다는 의미를 가지고 있어요.

교과서 속 숨은 한자

 국어

樂 天

* '樂'(락)이 단어 첫머리에 올 때는 '낙'으로 읽어요.

天 하늘 천

낙천 : 세상과 인생을 즐겁고 좋은 것으로 여김

 겨울

娛 樂

娛 즐길 오

오락 : 기분을 즐겁게 하는 일

 가을

國 樂

國 나라 국

국악 : 우리나라의 전통 음악

 과학

部 分

分 나눌 분

부분 : 전체를 몇 개로 나눈 것의 하나

 과학

部 品

品 물건 품

부품 : 기계에 쓰이는 물품

 국어

全 部

全 온전할 전

전부 : 전체 다, 모두

쓰는 순서에 맞게 예쁘게 따라 쓰세요.

총 15획 樂 樂 樂 樂 樂 樂 樂 樂 樂 樂 樂 樂 樂 樂 樂

樂	樂	樂				
즐길 락 / 음악 악						

총 11획 部 部 部 部 部 部 部 部 部 部 部

部	部	部				
떼 부						

 다음 그림을 보고 알맞은 한자를 찾아 ○표 하세요.

 樂 部

 樂 部

 다음 밑줄 친 한자어의 음(소리)을 쓰세요.

01 최근 가수들은 세계에 國樂 을 알리고자 많은 시도를 하고 있습니다. →

02 많은 학생들이 컴퓨터 娛樂 에 빠져있습니다. →

03 한 대의 자동차 안에는 수많은 部品 들이 있습니다. →

04 근욱이는 오늘 배운 部分 을 집에서 다시 복습했습니다. →

견문(聞)을 넓히기 위해 떠난 여행에서 특이한 시계(計)를 구매했어요.

聞
들을 문

부수	耳(귀 이)
획수	총 14획
中	闻(wén) 원

門 + 耳 형성

'들을 문'은 문밖에서 나는 소리를 귀 기울여 듣는 모습을 그린 모양으로 듣다라는 의미를 가지고 있어요.

計
셀 계

부수	言(말씀 언)
획수	총 9획
中	计(jì) 찌

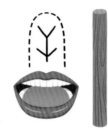

言 + 十 회의

'셀 계'는 1~10까지 말로 세고 있는 모습을 그린 모양으로 세다라는 의미를 가지고 있어요.

교과서 속 숨은 한자

국어
所 聞 所 바 소

소문 : 사람들의 입에 오르내리는 말

사회
新 聞 新 새 신

신문 : 새로운 소식을 보도하는 인쇄물

사회
見 聞 見 볼 견

견문 : 보고 들어서 얻은 지식

수학
計 算 算 셈 산

계산 : 수를 헤아리거나 값을 치룸

국어
設 計 設 베풀 설

설계 : 계획을 세움

국어
計 劃 劃 그을 획

계획 : 앞으로 할 일을 생각해서 정함

쓰는 순서에 맞게 예쁘게 따라 쓰세요.

총14획 聞聞聞聞聞聞聞聞聞聞聞聞聞聞

聞	聞	聞			
들을 문					

총9획 計計計計計計計計計

計	計	計			
셀 계					

 다음 한자에 해당하는 음(소리)을 찾아 ○표 하세요.

 聞 | 계 : 문 |

 計 | 계 : 문 |

 다음 밑줄 친 글자의 한자를 쓰세요.

01 이번 방학기간에 우리 가족은 제주도로 여행을 할 <u>계</u>획입니다. ➡ ☐

02 3·1운동을 계기로 많은 신<u>문</u>이 발행되기 시작했습니다. ➡ ☐

03 <u>계</u>산이 잘못되어 손님에게 거스름돈을 너무 많이 주었습니다. ➡ ☐

04 소<u>문</u>이 눈덩이처럼 부풀어 퍼지기 시작했습니다. ➡ ☐

연습문제

1 다음 수수께끼의 답을 찾아 질문의 번호와 같은 색으로 O하세요.

1. 문에 몰래 귀를 대고 있는 한자는?

2. 말로 열을 세는 한자는?

計   部   共

短   樂   聞

2 다음 한자 어원과 관련 있는 글자를 찾아 연결하고 훈(뜻)과 음(소리)을 쓰세요.

共   樂   部   聞   幸

3 '다행 – 공용 – 견문 – 계획' 순서로 까마귀 다리를 건너 견우와 직녀가 만나도록 도와주세요.

4 별자리에 숨어 있는 자음과 모음을 연결하여 단어를 만들고 알맞은 한자어를 찾아 연결하세요.

한국어문회 기출·예상문제

1 다음 밑줄 친 한자어의 음(소리)을 쓰세요.

01 경쟁하던 두 회사가 서로 도우며 共生하기로 했습니다. ☐

02 교육정책은 국가의 백년 大計를 세우는 일입니다. ☐

03 내일부터 內部 수리 공사로 당분간 휴업합니다. ☐

2 다음 한자의 훈(뜻)과 음(소리)을 쓰세요.

01 短 훈_____ 음_____

02 聞 훈_____ 음_____

03 幸 훈_____ 음_____

04 樂 훈_____ 음_____
　　 훈_____ 음_____

3 다음 중 상대(반대)되는 한자끼리 연결되지 않은 것을 고르세요. ☐

❶ 事[7급] ↔ 業

❷ 短 ↔ 長[8급]

❸ 苦괴로울 고[6급] ↔ 樂[8급]

4 다음 문장을 읽고 빈칸에 들어갈 알맞은 한자를 보기에서 찾아 번호를 쓰세요.

보기　❶ 幸　❷ 業　❸ 計　❹ 短

01 여행 계획을 짤 때는 이동 시간을 잘 ☐산해야 합니다.

02 우리나라 임☐은 무한한 가능성이 있는 사업 분야입니다.

5 다음 뜻에 맞는 한자어를 보기에서 골라 번호를 쓰세요.

보기　❶ 所聞　❷ 多幸　❸ 娛樂　❹ 全部

01 전체 다, 모두 ☐

02 사람들의 입에 오르내리는 말 ☐

6 다음 한자의 진하게 표시한 획은 몇 번째 쓰는지 보기에서 찾아 그 번호를 쓰세요.

보기　❶ 첫 번째　❷ 두 번째　❸ 세 번째　❹ 네 번째　❺ 다섯 번째　❻ 여섯 번째　❼ 일곱 번째　❽ 여덟 번째　❾ 아홉 번째　❿ 열 번째

01 幸☐　02 部☐　03 樂☐

1 〰 안의 한자의 음(소리)으로 알맞은 것을 찾아 번호를 쓰세요.

01 樂 〔 〕
① 락   ② 목   ③ 행   ④ 업

02 聞 〔 〕
① 공   ② 문   ③ 간   ④ 계

03 部 〔 〕
① 단   ② 악   ③ 부   ④ 두

2 보기 의 단어들과 가장 관련이 깊은 한자를 고르세요.

보기   축제   가수   연주

01 ① 計 ② 共 ③ 樂 ④ 部 〔 〕

보기   소문   라디오   방울

02 ① 聞 ② 短 ③ 幸 ④ 業 〔 〕

3 〰 안의 한자어의 독음(소리)으로 알맞은 것을 고르세요.

01 오늘 쓰고 남은 용돈을 計算 해 보았습니다. 〔 〕
① 계산   ② 개업   ③ 낙천   ④ 계획

02 꿈이 없는 젊은이는 不幸 하다고 생각합니다. 〔 〕
① 신문   ② 불행   ③ 오락   ④ 공용

4 〰 안의 뜻을 가진 한자를 보기 에서 찾아 쓰세요.

보기   樂 業 聞 部 短

01 무성하게 우거진 수풀에는 사슴들이 떼 지어 놀고 있습니다. 〔 〕

02 그의 연설을 듣고 가슴 속에 애국심이 치솟았습니다. 〔 〕

03 여러 사람의 힘을 모으면 못할 일 이 없습니다. 〔 〕

5 보기 의 뜻을 참고하여 ◯ 안에 공통으로 들어갈 한자를 쓰세요.

보기
① ◯通 : 여럿 사이에 같거나 비슷한 것
② ◯感 : 다른 사람과 똑같이 생각하거나 느낌

01 〔 〕

보기
① 全◯ : 전체 다, 모두
② ◯品 : 기계에 쓰이는 물품

02 〔 〕

業
幸
短
共
樂
部
聞
計

4단계

만나지 못한 꽃, 백일홍

마을 사람들이 모여會 바다 괴물에게 제물로 바칠 처녀를 뽑았어요.

이때 한 청년이 처녀를 대신代해서 괴물을 물리치겠다고 나섰어요.

청년은 자신이 뜻意을 이루면成 흰 돛을 달고 돌아오겠다고 했어요.

會

意

文

문장 힌트를 읽고 그림 속에 숨은 한자를 찾아봅시다.

| 會 | 意 | 代 | 成 | 音 | 體 | 戰 | 急 |

50 쑥쑥 급수한자 6급 ☆

백일 후 청년이 돌아왔다는 **소리音**를 듣고 나갔는데 붉은 돛이 보였어요.
처녀는 청년이 **싸움戰**에서 진 줄 알고 슬피 울다가 쓰러지고 말았어요.
사람들이 **급히急 몸體**을 흔들어 깨워봤지만 처녀는 눈을 뜨지 못했어요.

會意代成音體戰急

4

"백일홍 설화" 마을에서 처녀가 바다 괴물에게 제물로 바쳐지자 한 청년이 처녀 대신 괴물을 물리치겠다고 약속했어요. 하지만 백일째 되는 날, 붉은 피로 물든 배가 나타나자 처녀는 청년이 죽은 줄 알고 슬퍼하며 스스로 목숨을 끊고 말았어요. 그 뒤 처녀의 무덤에 붉은 꽃이 피어났는데, 그 꽃은 백일동안 붉게 핀다고 하여 백일홍이라 부르게 되었다고 해요.

이번 **회(會)**담에서 양쪽의 **의(意)**견이 하나로 모아졌어요.

모일 회

부수	曰(가로 왈)
획수	총 13획
中	会(huì) 후이

人 + 曾 회의

'모일 회'는 음식을 보관하는 찬합을 그린 모양으로 찬합 뚜껑이 결합하는 데서 모이다라는 의미를 가지고 있어요.

뜻 의

부수	心(마음 심)
획수	총 13획
中	意(yì) 이

音 + 心 회의

'뜻 의'는 입에서 나오는 소리와 마음을 그린 모양으로 사람의 생각은 마음에서 나온다는 의미를 가지고 있어요.

교과서 속 숨은 한자

사회
 集 會   集 모일 집

집회 : 여러 사람이 어떤 목적을 위해 일시적으로 모임

국어
 會 社   社 모일 사

회사 : 이익을 얻기 위해 함께 일하는 모임

가을
 會 員   員 인원 원

회원 : 모임을 이루는 사람들

국어
 意 外   外 바깥 외

의외 : 생각이나 예상을 하지 못함

가을
 意 見   見 볼 견

의견 : 어떤 것에 대한 느낌

국어
 意 味   味 맛 미

의미 : 말이나 글에 담긴 뜻

쓰는 순서에 맞게 예쁘게 따라 쓰세요.

총 13획 　會 會 會 會 會 會 會 會 會 會 會 會 會

會	會	會				
모일 회						

총 13획 　意 意 意 意 意 意 意 意 意 意 意 意 意

意	意	意				
뜻 의						

4

會 意 代 成 音 體 戰 急

 훈(뜻)음(소리)에 해당하는 한자와 그림을 연결하세요.

뜻 의 　•　　　•　會　•　　　•

모일 회 　•　　　•　意　•　　　•

 다음 밑줄 친 글자에 해당하는 한자를 찾아 ○표 하세요.

01 오늘은 아빠의 <u>회</u>사가 쉬는 날입니다.

 會 ┆ 意

02 나는 이 문장이 무슨 <u>의</u>미인지 알 수가 없었습니다.

 會 ┆ 意

03 매운 것을 잘 먹지 못하는 친구들이 <u>의</u>외로 많았습니다.

會 ┆ 意

04 우리 나라의 헌법에는 집<u>회</u>의 자유가 있습니다.

 會 ┆ 意

우리 팀의 대(代)타 작전이 성(成)공했어요.

대신할 대

부수	人(사람 인)
획수	총 5획
中	代(dài) 따이

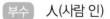

人+弋 회의

'대신할 대'는 사람이 짐승을 잡기 위해 줄을 묶어 둔 말뚝을 그린 모양으로 사람을 대신하여 동물을 잡는다는 의미를 가지고 있어요.

이룰 성

부수	戈(창 과)
획수	총 6획
中	成(chéng) 청*

丁+戊 회의

'이룰 성'은 반달 모양의 날이 달린 창을 그린 모양으로 적을 굴복시켜 일을 마무리하다, 완성한다는 의미를 가지고 있어요.

교과서 속 숨은 한자

가을

代 表
表 겉 표

대표 : 전체의 성질을 잘 나타내는 하나

국어

代 用
用 쓸 용

대용 : 대신하여 다른 것으로 씀

국어

時
時 때 시

시대 : 역사적으로 어떤 기준에 의하여 구분한 일정한 기간

과학

成 長
長 길 장

성장 : 사람이나 동식물 등이 자라서 점점 커짐

사회

贊
贊 도울 찬

찬성 : 옳거나 좋다고 생각해서 뜻을 같이 함

수학

完
完 완전할 완

완성 : 완전히 다 이룸

쓰는 순서에 맞게 예쁘게 따라 쓰세요.

| 총 5획 | 代 代 代 代 代 |

代	代	代				
대신할 대

| 총 6획 | 成 成 成 成 成 成 |

成	成	成				
이룰 성

 다음 한자의 훈(뜻)과 음(소리)을 쓰세요.

代 훈 ___ 음 ___   成 훈 ___ 음 ___

 다음 빈칸에 들어갈 알맞은 한자를 쓰세요.

01 時 가 변해도 바뀌지 않는 것도 있습니다.

02 청소년기의 아이들은 長 이 매우 빠릅니다.

03 반장의 생각에 贊 하는 사람이 많습니다.

04 내 친구는 학교 表 로 수학경시대회에 출전했습니다.

나는 음(音)악을 좋아하고 동생은 체(體)육을 좋아해요.

音
소리 음

부수	音(소리 음)
획수	총 9획
中	音(yīn) 인

지사

'소리 음'은 입에서 소리가 퍼져 나가는 모양으로 소리라는 의미를 가지고 있어요.

體
몸 체

부수	骨(뼈 골)
획수	총 23획
中	体(tǐ) 티

骨 + 豊 회의

'몸 체'는 뼈가 가득한 몸을 그린 모양으로 신체라는 의미를 가지고 있어요.

교과서 속 숨은 한자

국어

發 音

發 필 발

발음 : 말소리를 냄

국어

音 聲

聲 소리 성

음성 : 사람의 목소리

겨울

音 樂

樂 즐길 락 / 음악 악

음악 : 목소리나 악기로 생각이나 느낌을 나타내는 예술

겨울

體 溫

溫 따뜻할 온

체온 : 몸의 온도

국어

物 體

物 물건 물

물체 : 구체적인 모양이 있는 것

과학

立 體

立 설 립

입체 : 여러 개의 면으로 둘러싸인 부분

쓰는 순서에 맞게 예쁘게 따라 쓰세요.

총 9획	音音音音音音音音音

音	音	音				
소리 음						

총 23획	體體體體體體體體體體體體體體體體體體體體體體體

體	體	體				
몸 체						

 다음 그림을 보고 알맞은 한자를 찾아 ○표 하세요.

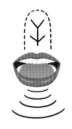    음 | 체

    음 | 체

 다음 밑줄 친 한자어의 음(소리)을 쓰세요.

01 아나운서가 되기 위해서는 정확한 發音이 중요합니다. →

02 音樂은 우리 생활에 활력을 줍니다. →

03 열이 나서 體溫계로 온도를 재 보았습니다. →

04 우리는 수학시간에 立體 도형을 만들었습니다. →

會意代成音體戰急

우리 조는 급(急)하게 작전(戰)을 세웠어요.

戰

싸움 전

부수	戈(창 과)
획수	총 16획
中	战(zhàn) 짠*

單 + 戈 회의

'싸움 전'은 새총 모양의 사냥도구와 창을 그린 모양으로 전쟁이라는 의미를 가지고 있어요.

急

급할 급

부수	心(마음 심)
획수	총 9획
中	急(jí) 지

刍 + 心 회의

'급할 급'은 사람을 뒤에서 붙잡는 모습과 마음을 그린 모양으로 가는 사람을 붙잡고 싶은 초조한 마음이라는 의미를 가지고 있어요.

교과서 속 숨은 한자

苦 戰 苦 쓸 고

고전 : 전쟁이나 시험에서 몹시 힘들고 어렵게 싸우는 것

戰 爭 爭 다툴 쟁

전쟁 : 나라와 나라 사이의 싸움

出 戰 出 날 출

출전 : 싸우러 나감

急 流 流 흐를 류

급류 : 빠른 속도로 흐르는 물

急 行 行 다닐 행

급행 : 급하게 감

時 急 時 때 시

시급 : 시간이 매우 급함

쓰는 순서에 맞게 예쁘게 따라 쓰세요.

| 총 16획 | 戰 戰 戰 戰 戰 戰 戰 戰 戰 戰 戰 戰 戰 戰 戰 戰 |

戰	戰	戰				
싸움 전						

| 총 9획 | 急 急 急 急 急 急 急 急 急 |

急	急	急				
급할 급						

다음 한자에 해당하는 음(소리)을 찾아 ○표 하세요.

 戰　전 | 급

 急　전 | 급

다음 밑줄 친 글자의 한자를 쓰세요.

01 이번 축구경기는 선수들의 부상으로 고<u>전</u>을 면치 못했습니다. →

02 지금 들어오는 지하철은 <u>급</u>행이라 이 역에는 서지 않습니다. →

03 지구의 환경을 보호하기 위한 대책이 시<u>급</u>합니다. →

04 <u>전</u>쟁으로 많은 사람들이 살 곳을 잃었습니다. →

4

會意代成音體戰急

연습문제

1 다음 한자의 부수를 찾아 선을 이으세요.

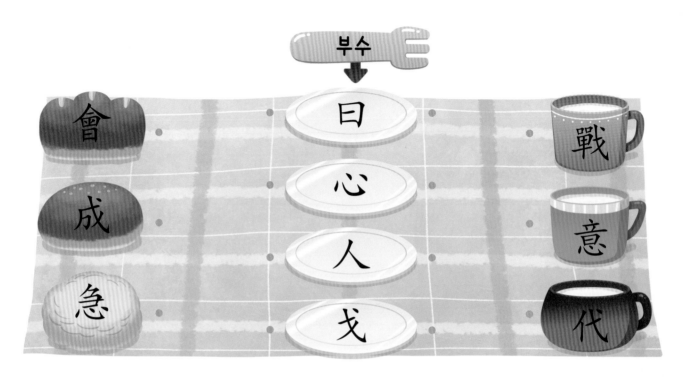

부수

會　成　急

日　心　人　戈

戰　意　代

2 다음 한자 어원과 관련 있는 글자를 찾아 연결하고 훈(뜻)과 음(소리)을 쓰세요.

音　意　體　急　會

3 영웅이 화살로 괴물을 물리치려 합니다. 한자어의 의미에 맞는 한자를 찾아 ○ 하고 빈칸에 쓰세요.

① 말이나 글에 담긴 뜻

② 완전히 다 이룸

③ 시간이 매우 급함

④ 말소리를 냄

① _____ ② _____ ③ _____ ④ _____

4 의미에 맞는 한자어를 찾아 같은 색으로 ○ 하고 한자어의 독음(소리)을 써 보세요.

모임을 이루는 사람들

여러 개의 면으로 둘러싸인 부분

나라와 나라 사이의 싸움

역사적으로 어떤 기준에 의하여 구분한 일정한 기간

表	苦	聲	會	成
成	長	戰	員	功
急	流	時	代	戰
音	立	贊	成	爭
社	體	溫	世	代

1 다음 밑줄 친 한자어의 음(소리)을 쓰세요.

01 국회는 <u>民意</u>를 대표하는 기관입니다. ☐

02 최근에는 <u>會食</u>을 하는 회사가 많이 줄었습니다. ☐

03 비포장도로를 달리면 <u>車體</u>가 심하게 흔들립니다. ☐

2 다음 한자의 훈(뜻)과 음(소리)을 쓰세요.

01 急 훈 _____ 음 _____

02 音 훈 _____ 음 _____

03 戰 훈 _____ 음 _____

04 代 훈 _____ 음 _____

3 다음 중 상대(반대)되는 한자끼리 연결되지 <u>않은</u> 것을 고르세요. ☐

❶ 和 ⟷ 戰

❷ 身 ⟷ 體

❸ 成 ⟷ 敗 패할 패[5급]

4 다음 문장을 읽고 빈칸에 들어갈 알맞은 한자를 보기에서 찾아 번호를 쓰세요.

보기   ❶ 成   ❷ 音   ❸ 體   ❹ 代

01 젊은 세 ☐ 들은 개성이 제각각 뚜렷합니다.

02 청소년기의 아이들은 ☐ 장이 매우 빠릅니다.

5 다음 뜻에 맞는 한자어를 보기에서 골라 번호를 쓰세요.

보기   ❶ 意見   ❷ 會員
       ❸ 和音   ❹ 物體

01 여러 음이 함께 어울리는 소리 ☐

02 어떤 것에 대한 생각이나 느낌 ☐

6 다음 한자의 진하게 표시한 획은 몇 번째 쓰는지 보기에서 찾아 그 번호를 쓰세요.

보기
❶ 첫 번째   ❷ 두 번째
❸ 세 번째   ❹ 네 번째
❺ 다섯 번째   ❻ 여섯 번째
❼ 일곱 번째   ❽ 여덟 번째
❾ 아홉 번째   ❿ 열 번째

01 成 ☐   **02** 會 ☐   **03** 急 ☐

1 ▨ 안의 한자의 음(소리)으로 알맞은 것을 찾아 번호를 쓰세요.

01 音 [　]
　❶의　❷음　❸대　❹립

02 成 [　]
　❶골　❷전　❸성　❹급

03 會 [　]
　❶체　❷회　❸사　❹신

2 보기 의 단어들과 가장 관련이 깊은 한자를 고르세요.

보기　휴전선　총　군인

01　❶戰　❷意　❸成　❹音　[　]

보기　건강　운동　뼈

02　❶會　❷急　❸音　❹體　[　]

3 ▨ 안의 한자어의 독음(소리)으로 알맞은 것을 고르세요.

01 전국대회에 많은 선수들이 出戰 하였습니다. [　]
　❶출국　❷출전　❸산출　❹신청

02 배는 急流 에 침몰하고 말았습니다. [　]
　❶상단　❷대용　❸급류　❹의견

4 ▨ 안의 뜻을 가진 한자를 보기 에서 찾아 쓰세요.

보기　成　音　會　代　意

01 송희는 친구의 숙제를 대신 해 주었습니다. [　]

02 세종대왕은 역사에 남을 많은 업적을 이루었습니다 . [　]

03 모르는 단어의 뜻 을 사전에서 찾아보았습니다. [　]

5 보기 의 뜻을 참고하여 ○ 안에 공통으로 들어갈 한자를 쓰세요.

보기　❶○用 : 대신하여 다른 것으로 씀
　❷○表 : 전체의 성질을 잘 나타내는 하나

01 [　]

보기　❶○溫 : 몸의 온도
　❷物○ : 구체적인 모양이 있는 것

02 [　]

5단계 이익만 챙기고 떠난 김선달

마을 사람들이 맑은淸 대동강 물을 동이에 부어注 나르고 있었어요.
김선달은 사람들에게 가서 돈을 나눠班 주고 다음 날 돌려 달라고 했어요.
다음 날, 사람들을 줄線 세운 후, 물값이라며 어제昨 주었던 돈을 걷었어요.

문장 힌트를 읽고 그림 속에 숨은 한자를 찾아봅시다.

清 昨 班 利 注 風 線 藥

행인이 궁금해하며 묻자 김선달은 **약藥**효 있는 강물을 팔고 있다고 말했어요.
행인은 큰 **이익利**을 챙길 생각에 많은 돈을 주고 물을 팔 수 있는 권리를 샀어요.
하지만 김선달이 **바람風**처럼 사라지고 난 후, 행인은 누구에게도 물값을 받을 수 없었어요.

"봉이 김선달 설화" 김선달은 조선 후기 혼란한 사회를 풍자할 목적으로 등장한 가공의 인물이에요. 김선달에 관한 여러 일화 중에서 가장 유명한 것이 바로 대동강 물을 팔아넘긴 이야기예요. 사람들은 김선달의 번뜩이는 재치와 대담함을 보면서 잠시나마 힘든 현실을 잊고 통쾌하게 웃을 수 있었을 것 같아요.

작(昨)년에 산 손 청(淸)결제가 많이 남아 있습니다.

清
맑을 청

부수	氵(삼수변)
획수	총 11획
中	请(qīng) 칭

水 + 青 형성

'맑을 청'은 물과 막 피어난 푸른 초목을 그린 모양으로 물이 푸르게 보일 정도로 맑다라는 의미를 가지고 있어요.

昨
어제 작

부수	日(날 일)
획수	총 9획
中	昨(zuó) 주어

日 + 乍 회의

'어제 작'은 해와 옷깃을 바느질하는 모습을 그린 모양으로 잠깐 전에 지나간 날인 어제라는 의미를 가지고 있어요.

교과서 속 숨은 한자

과학
清 潔   潔 깨끗할 결

청결 : 맑고 깨끗함

국어
清 明   明 밝을 명

청명 : 날씨나 소리가 맑고 밝음

국어
清 掃   掃 쓸 소

청소 : 쓸고 닦아서 깨끗하게 함

국어
昨 年   年 해 년

작년 : 지난해

국어
再 昨 年   再 두 재
年 해 년

재작년 : 지난해의 바로 전 해

국어
昨 今   今 이제 금

작금 : 어제와 오늘, 요즈음

쓰는 순서에 맞게 예쁘게 따라 쓰세요.

총11획 清清清清清清清清清清清

清	清	清				
맑을 청						

총9획 昨昨昨昨昨昨昨昨昨

昨	昨	昨				
어제 작						

5

清
昨
班
利
注
風
線
藥

 훈(뜻)음(소리)에 해당하는 한자와 그림을 연결하세요.

어제 작 •　　　• 清 •　　　

맑을 청 •　　　• 昨 •　　　

 다음 밑줄 친 글자에 해당하는 한자를 찾아 ○표 하세요.

01　나는 엄마가 오기 전에 언니와 함께 집안 청소를 했습니다.　清 | 昨

02　음식을 만드는 주방은 항상 청결해야 합니다.　清 | 昨

03　작년에 산 옷을 이제는 작아서 입을 수 없습니다.　清 | 昨

04　재작년에 심은 나무가 벌써 내 키만큼 자랐습니다.　清 | 昨

우리 반(班)이 축구 경기에서 승리(利)했어요.

나눌 반

부수 王(玉 구슬 옥)
획수 총 10획
中 班(bān) 빤

珏 + 刀 회의

'나눌 반'은 두 개의 옥과 칼을 그린 모양으로 칼로 옥(재물)을 나눈다는 의미를 가지고 있어요. *玉(구슬 옥)은 王(임금 왕)으로 생략해서 쓰이기도 해요.

이로울 리

부수 刂(선칼도방)
획수 총 7획
中 利(lì) 리

禾 + 刀 회의

'이로울 리'는 벼와 칼을 그린 모양으로 벼를 베어 추수를 하는 것이 이롭다, 이익을 주다라는 의미를 가지고 있어요.

교과서 속 숨은 한자

 가을

分　班　　分 나눌 분

분반 : 학급을 몇 개로 나눔

 국어

班　長　　長 길/어른 장

반장 : 반을 대표하는 사람

 국어

兩　班　　兩 두 량(양)

양반 : 옛날에 지배층을 이루던 신분

안전

利　用　　用 쓸 용

이용 : 필요에 맞게 알맞게 씀

사회

利　害　　害 해할 해

이해 : 이익과 손해를 이르는 말

 체육

勝　利　　勝 이길 승

승리 : 겨루어서 이김

쓰는 순서에 맞게 예쁘게 따라 쓰세요.

총 10획 班 班 班 班 班 班 班 班 班 班

班	班	班				
나눌 반						

총 7획 利 利 利 利 利 利 利

利	利	利				
이로울 리						

5

清
昨
班
利
注
風
線
藥

 다음 한자의 훈(뜻)과 음(소리)을 쓰세요.

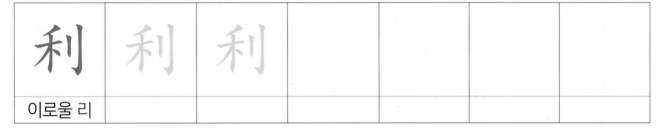

班   훈 _____ 음 _____

利   훈 _____ 음 _____

01 우리 반이 이번 체육대회에서 勝 하였습니다.

02 長 으로 누구를 뽑을지 아직 결정하지 못했습니다.

03 옛날에는 兩 이 되고 싶어 돈을 주고 족보를 사는 사람도 있었습니다.

04 대중교통을 用 할 때는 질서 있게 행동해야 합니다.

우리는 풍(風)력 발전에 주(注)목해야 해요.

注

부을 주

부수	氵(삼수변)
획수	총 8획
中	注(zhù) 쭈*

水 + 主 형성

'부을 주'는 흐르는 물과 촛대를 그린 모양으로 주류가 되는 물에서 물을 끌어서 대다라는 의미로, 주입하다라는 의미를 가지고 있어요.

風

바람 풍

부수	風(바람 풍)
획수	총 9획
中	风(fēng) 펑*

상형

'바람 풍'은 봉황새를 그린 모양으로 옛날 사람들은 바람이 봉황의 날개짓으로 생기는 것이라고 생각하여 바람이라는 의미를 가지게 되었어요.

교과서 속 숨은 한자

과학

注 入   入 들 입

주입 : 흘러 들어가도록 부어 넣음

국어

注 意   意 뜻 의

주의 : 마음에 새겨두고 조심함

국어

注 文   文 글월 문

주문 : 물건을 만들거나 보내달라고 하는 것

겨울

風 車   車 수레 차

풍차 : 바람의 힘으로 날개바퀴를 돌려 기계를 움직이는 장치

과학

風 速   速 빠를 속

풍속 : 바람의 속도

과학

颱 風   颱 태풍 태

태풍 : 폭풍우를 동반한 열대 저기압

쓰는 순서에 맞게 예쁘게 따라 쓰세요.

총8획	注注注注注注注注					
注	注	注				
부을 주						

총9획	風風風風風風風風風					
風	風	風				
바람 풍						

다음 그림을 보고 알맞은 한자를 찾아 ○표 하세요.

 注　風

 注　風

다음 밑줄 친 한자어의 음(소리)을 쓰세요.

01 다음에는 이런 실수가 없도록 <u>注意</u>해야 합니다. →

02 이 치킨집은 굉장히 유명해서 <u>注文</u>이 밀립니다. →

03 <u>颱風</u>의 영향으로 많은 비가 내릴 것으로 예상됩니다. →

04 바람개비를 이용하여 <u>風速</u>을 재는 기계도 있습니다. →

그 약(藥)국에 가려면 2호선(線) 지하철을 타야 해요.

線
줄 선

부수	糸(실사 변)
획수	총 15획
中	线(xiàn) 시엔

縣 線

糸 + 泉 형성

'줄 선'은 실패에 감겨 있는 실과 바위동굴에서 물이 끊임없이 흘러내리는 것을 그린 모양으로 길게 이어져 있는 것이라는 의미를 가지고 있어요.

藥
약 약

부수	艹(풀 초)
획수	총 18획
中	药(yào) 야오

藥

艹 + 樂 형성

'약 약'은 약초와 악기를 그린 모양으로 약초를 먹으면 다시 즐거운 상태로 돌아간다는 의미에서 약이라는 의미를 가지게 되었어요.

교과서 속 숨은 한자

안전

車 **線**
車 수레 차

차선 : 차가 다니는 길에 그어 놓은 선

과학

線 路
路 길 로

선로 : 기차 등의 바퀴가 굴러가도록 레일을 깔아 놓은 길

수학

垂 直 **線**
垂 드리울 수
直 곧을 직

수직선 : 직선이나 평면과 직각을 이루는 직선

과학

投 **藥**
投 던질 투

투약 : 약을 지어 주거나 사용하는 것

국어

藥 局
局 판 국

약국 : 약사가 약을 만들고 파는 곳

국어

藥 草
草 풀 초

약초 : 약으로 쓰이는 풀

쓰는 순서에 맞게 예쁘게 따라 쓰세요.

총 15획 線 線 線 線 線 線 線 線 線 線 線 線 線 線 線

線	線	線				
줄 선						

총 18획 藥 藥 藥 藥 藥 藥 藥 藥 藥 藥 藥 藥 藥 藥 藥 藥 藥 藥

藥	藥	藥				
약 약						

다음 한자에 해당하는 음(소리)을 찾아 ○표 하세요.

 線   선 ┊ 약    藥   선 ┊ 약

다음 밑줄 친 글자의 한자를 쓰세요.

01 약물을 투**약**해야 하는 경우에는 의사와 꼭 상의해야 합니다. ⟶ ☐

02 갑자기 차**선**을 변경하는 것은 매우 위험합니다. ⟶ ☐

03 할아버지께서는 우리를 산에 데려가 여러 가지 **약**초를 보여주셨습니다. ⟶ ☐

04 폭우로 **선**로가 끊어지는 바람에 기차 운행이 정지되었습니다. ⟶ ☐

5
淸
昨
班
利
注
風
線
藥

연습문제

1 다음 그림을 잘 관찰해보고 가장 위에 있는 나무토막의 한자부터 순서대로 음(소리)을 쓰세요.

리 ◯ ◯ ◯ ◯ ◯

2 다음 한자 어원과 관련 있는 글자를 찾아 연결하고 훈(뜻)과 음(소리)을 쓰세요.

3 다음 한자의 지워진 부분을 보기 에서 찾아 한자어를 완성하고 독음(소리)을 써보세요.

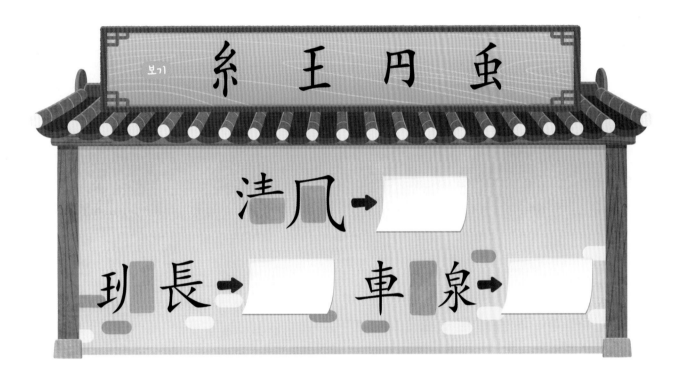

4 강물에 적힌 의미에 해당하는 한자를 보기 에서 찾아 써보세요.

1 다음 밑줄 친 한자어의 음(소리)을 쓰세요.

01 풍차는 바람을 利用하여 돌아갑니다. ☐

02 흥겨운 風物놀이 소리에 어깨춤이 절로 납니다. ☐

03 친환경 농법을 사용하면 農藥 사용량을 많이 줄일 수 있습니다. ☐

2 다음 한자의 훈(뜻)과 음(소리)을 쓰세요.

01 清 훈_____ 음_____

02 班 훈_____ 음_____

03 線 훈_____ 음_____

04 昨 훈_____ 음_____

3 다음 중 상대(반대)되는 한자끼리 연결되지 않은 것을 고르세요. ☐

❶ 昨 ↔ 今이제 금[준 6급]

❷ 利 ↔ 害해할 해[준 5급]

❸ 注 ↔ 風바람 풍[준 6급]

4 다음 문장을 읽고 빈칸에 들어갈 알맞은 한자를 보기에서 찾아 번호를 쓰세요.

보기 ❶ 注 ❷ 線 ❸ 風 ❹ 清

01 우리 팀 선수들은 경기 후반에 들어 공격에 ☐력했습니다.

02 학교 정문에 달려 있는 종소리는 언제 들어도 ☐명합니다.

5 다음 뜻에 맞는 한자어를 보기에서 골라 번호를 쓰세요.

보기 ❶ 線路 ❷ 藥草 ❸ 勝利 ❹ 注意

01 약으로 쓰이는 풀 ☐

02 마음에 새겨두고 조심함 ☐

6 다음 한자의 진하게 표시한 획은 몇 번째 쓰는지 보기에서 찾아 그 번호를 쓰세요.

보기 ❶ 첫 번째 ❷ 두 번째 ❸ 세 번째 ❹ 네 번째 ❺ 다섯 번째 ❻ 여섯 번째 ❼ 일곱 번째 ❽ 여덟 번째 ❾ 아홉 번째 ❿ 열 번째

01 線 ☐ **02** 班 ☐ **03** 風 ☐

1 ▒ 안의 한자의 음(소리)으로 알맞은 것을 찾아 번호를 쓰세요.

01 利 ☐
 ❶ 주 ❷ 리 ❸ 대 ❹ 학

02 昨 ☐
 ❶ 반 ❷ 풍 ❸ 일 ❹ 작

03 淸 ☐
 ❶ 청 ❷ 선 ❸ 약 ❹ 정

2 보기 의 단어들과 가장 관련이 깊은 한자를 고르세요.

보기   발전소   제주도   연날리기

01 ❶ 淸 ❷ 利 ❸ 班 ❹ 風 ☐

보기   악보   급식시간   가야금

02 ❶ 藥 ❷ 線 ❸ 昨 ❹ 注 ☐

3 ▒ 안의 한자어의 독음(소리)으로 알맞은 것을 고르세요.

01 우리 형은 昨年 이맘때 졸업했습니다. ☐
 ❶ 금년 ❷ 전년 ❸ 작금 ❹ 작년

02 배가 빠른 風速 때문에 침몰하고 말았습니다. ☐
 ❶ 풍물 ❷ 선로 ❸ 풍속 ❹ 투약

4 ▒ 안의 뜻을 가진 한자를 보기 에서 찾아 쓰세요.

보기   淸 利 注 班 風

01 수민이는 통에 담긴 물을 바닥에 쏟아 부었습니다 . ☐

02 이삿짐을 트럭 두 대에 나누어 실었습니다. ☐

03 우리는 높은 산에 올라가 맑은 공기를 마셨습니다. ☐

5 보기 의 뜻을 참고하여 ○ 안에 공통으로 들어갈 한자를 쓰세요.

보기 ❶ ○害 : 이익과 손해를 이르는 말
 ❷ ○用 : 필요에 맞게 알맞게 씀

01 ☐

보기 ❶ ○潔 : 맑고 깨끗함
 ❷ ○掃 : 쓸고 닦아서 깨끗하게 함

02 ☐

5

淸
昨
班
利
注
風
線
藥

진리의 물, 해골물

界

신新라 승려 원효는 의상과 함께 불교 공부를 위해 중국 유학길에 올랐어요.

며칠 동안 걷다가 쓰러질 지경界이 되어 동굴에서 하룻밤을 묵게 되었어요.

자다가 목이 말라 주변에 있는 물을 떠서 마셨는데飮 참으로 시원하고 달았어요.

문장 힌트를 읽고 그림 속에 숨은 한자를 찾아봅시다.

| 新 | 功 | 界 | 飮 | 明 | 光 | 對 | 理 |

날이 **밝자明** 원효는 밤에 마신 물이 해골에 고인 썩은 물이었음을 알고 깜짝 놀랐어요.
모든 일은 그것을 **대하는對** 마음에 달려있다는 진리를 깨달은 순간, **빛光**이 뿜어져 나왔어요.
원효는 다시 돌아와 깨달은 **진리理**를 널리 알리며 신라의 불교 발전에 큰 **공功**을 세웠어요.

明

光

對

功

理

新功界飮明光對理

"원효와 해골물 설화" 신라 승려 원효는 불교를 배우러 중국으로 가던 중에 동굴에서 하룻밤 묵게 되었어요. 잠결에 목이 말라 물을 마셨는데 아침에 깨어보니 간밤에 마신 물이 해골에 고인 물이었다는 사실을 알고, 모든 것은 마음에 달려있다는 진리를 깨달았어요. 원효는 유학을 포기하고 신라로 돌아와 그 진리를 전파하며 불교 발전에 큰 업적을 남겼어요.

진리의 물, 해골물 **79**

어렵게 개발에 성공(**功**)한 신(**新**)제품이에요.

새 신

부수 斤(도끼 근)

획수 총 13획

中 新(xīn) 신

辛 + 木 + 斤 형성

'새 신'은 도끼로 나무를 잘라 만든 땔감을 그린 모양으로 나중에 새로운, 새롭게라는 의미를 가지게 되었어요.

공 공

부수 力(힘 력)

획수 총 5획

中 功(gōng) 꽁

工 + 力 형성

'공 공'은 땅을 다지는 도구를 들고 힘을 쓰는 것을 그린 모양으로 공로, 업적이라는 의미를 가지고 있어요.

교과서 속 숨은 한자

最 新 最 가장 최

최신 : 가장 새로움

新 婦 婦 아내 부

신부 : 이제 막 결혼했거나 결혼하는 여자

新 羅 羅 벌일 라

신라 : 박혁거세가 경주를 중심으로 세운 나라

功 過 過 허물 과

공과 : 공로와 과실

功 勞 勞 일할 로

공로 : 일이나 목적을 이루는 데 들인 노력과 수고

有 功 有 있을 유

유공 : 공로가 있음

쓰는 순서에 맞게 예쁘게 따라 쓰세요.

총 13획 新 新 新 新 新 新 新 新 新 新 新 新 新

新	新	新				
새 신						

총 5획 功 功 功 功 功

功	功	功				
공 공						

6

新
功
界
飮
明
光
對
理

 훈(뜻)음(소리)에 해당하는 한자와 그림을 연결하세요.

새 신 •   • 新 •

공 공 •   • 功 •

 다음 밑줄 친 글자에 해당하는 한자를 찾아 ○표 하세요.

01 그는 세계평화에 기여한 <u>공</u>로로 노벨평화상을 수상하였습니다.   新 ┊ 功

02 태건이는 이번에 최<u>신</u> 핸드폰을 선물로 받았습니다.   新 ┊ 功

03 결혼식장에서 본 <u>신</u>부는 정말 아름다웠습니다.   新 ┊ 功

04 국가유<u>공</u>자는 나라를 위해 희생한 사람을 의미합니다.   新 ┊ 功

전 세**계(界)** 사람들이 가장 즐겨 마시는 **음(飮)**료는 물이에요.

지경 계

부수 田(밭 전)
획수 총 9획
中 界(jiè) 지에

界

田 + 介 회의

'지경 계'는 밭과 갑옷을 조여 입은 사람을 그린 모양으로 밭과 밭 사이에 끼어 있는 경계선이라는 의미를 가지고 있어요.

마실 음

부수 食(밥 식)
획수 총 13획
中 饮(yǐn) 인

 飮

食 + 欠 형성

'마실 음'은 병에 담긴 술을 마시는 사람을 그린 모양으로 마시다라는 의미를 가지고 있어요.

교과서 속 숨은 한자

과학
外 界
外 바깥 외

외계 : 지구 밖의 세계

사회
各 界
各 각각 각

각계 : 사회의 각 분야

사회
境 界
境 지경 경

경계 : 나라나 땅이 나뉘는 범위

국어
食 飮
食 밥 식

식음 : 먹고 마시는 일

수학
飮 料
料 헤아릴 료

음료 : 마실 것

국어
飮 酒
酒 술 주

음주 : 술을 마심

쓰는 순서에 맞게 예쁘게 따라 쓰세요.

총 9획 界界界界界界界界界

界	界	界			
지경 계					

총 13획 飲飲飲飲飲飲飲飲飲飲飲飲飲

飲	飲	飲			
마실 음					

다음 한자의 훈(뜻)과 음(소리)을 쓰세요.

界 　훈 _____ 음 _____

飲 　훈 _____ 음 _____

다음 빈칸에 들어갈 알맞은 한자를 쓰세요.

01 지나친 ☐ 酒 는 건강에 해롭습니다.

02 나라 사이의 境 ☐ 를 국경이라고 합니다.

03 성현이는 어릴 때부터 外 ☐ 생명체에 관심이 많았습니다.

04 가온이는 톡 쏘는 탄산 ☐ 料 보다는 과일음료를 좋아합니다.

광(光)명(明)역에서 KTX를 타고 부산에 갔어요.

明

밝을 명

부수	日(날 일)
획수	총 8획
中	明(míng) 밍

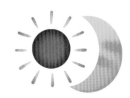

日 + 月 회의

'밝을 명'은 해와 달을 그린 모양으로 밝다라는 의미를 가지고 있어요.

光

빛 광

부수	儿(어진사람인발)
획수	총 6획
中	光(guāng) 꽝

火 + 儿 회의

'빛 광'은 머리 위에 빛이 나는 사람을 그린 모양으로 주위가 아주 밝게 빛나다, 빛이라는 의미를 가지고 있어요.

교과서 속 숨은 한자

과학

發 明 發 필 발

발명 : 지금까지 없던 것을 처음 만들어 냄

사회

說 明 說 말씀 설

설명 : 다른 사람이 잘 알 수 있도록 말함

국어

明 朗 朗 밝을 랑

명랑 : 밝고 환함

국어

夜 光 夜 밤 야

야광 : 어두운 곳에서 빛을 냄

가을

光 線 線 줄 선

광선 : 빛의 줄기

과학

光 合 成 合 합할 합
成 이룰 성

광합성 : 식물이 빛을 이용해 양분을 스스로 만드는 과정

쓰는 순서에 맞게 예쁘게 따라 쓰세요.

총 8획	明 明 明 明 明 明 明 明					
明	明	明				
밝을 명						

총 6획	光 光 光 光 光 光					
光	光	光				
빛 광						

 다음 그림을 보고 알맞은 한자를 찾아 ○표 하세요.

 明 ┊ 光

 明 ┊ 光

 다음 밑줄 친 한자어의 음(소리)을 쓰세요.

01 인우가 이번 <u>發明</u> 대회에서 대상을 받았습니다. →

02 아영이가 복잡한 문제를 쉽게 <u>說明</u>해주었습니다. →

03 내 시계는 <u>夜光</u> 기능이 있어 밤에도 시각을 알 수 있습니다. →

04 식물이 성장하기 위해서 <u>光合成</u>이 꼭 필요합니다. →

6 新 功 界 飲 明 光 對 理

상대(對)방의 마음을 이(理)해해야 해요.

對

대할 대

부수 寸(마디 촌)

획수 총 14획

中 对(duì) 뚜이

数 数 對 對

举 + 寸 회의

'대할 대'는 촛대를 들고 있는 손을 그린 모양으로 누군가 마주하기 위해서는 불이 필요하다는 의미로 대하다, 마주하다라는 의미를 가지게 되었어요.

理

다스릴 리

부수 王(玉 구슬 옥)

획수 총 11획

中 理(lǐ) 리

理 理

玉 + 里 형성

'다스릴 리'는 옥에 새겨 넣은 무늬를 그린 모양으로 무늬라는 의미로 사용되다가 나중에 다스리다, 처리하다라는 의미를 가지게 되었어요.

*玉(구슬 옥)은 王(임금 왕)으로 생략해서 쓰이기도 해요.

교과서 속 숨은 한자

도덕

對 話

話 말씀 화

대화 : 마주 대하여 이야기를 주고 받음

국어

對 等

等 무리 등

대등 : 서로 견주어 높고 낮음이 없이 비슷함

국어

對 比

比 견줄 비

대비 : 서로 맞대어 비교함

가을

料 理

'料(료)'가 단어 첫머리에 올 때는 '요'로 읽어요.

料 헤아릴 료

요리 : 음식을 만드는 일이나 음식

국어

理 致

'理(리)'가 단어 첫머리에 올 때는 '이'로 읽어요.

致 이를 치

이치 : 사물의 정당하고 당연한 조리

가을

修 理

修 닦을 수

수리 : 고장나거나 낡은 것을 손보아 고침

쓰는 순서에 맞게 예쁘게 따라 쓰세요.

총 14획	對 對 對 對 對 對 對 對 對 對 對 對 對 對

對	對	對				
대할 대						

총 11획	理 理 理 理 理 理 理 理 理 理 理

理	理	理			
다스릴 리					

6

新
功
界
飮
明
光
對
理

 다음 한자에 해당하는 음(소리)을 찾아 ○표 하세요.

對　대 ┊ 리　　理　대 ┊ 리

 다음 밑줄 친 글자의 한자를 쓰세요.

01 우리는 **대**화를 통해 방법을 찾았습니다.　　➡ ☐

02 지율이는 어버이날에 부모님을 위해 맛있는 **요리**를 준비했습니다.　　➡ ☐

03 이 제품은 **수리**를 여러 번 했지만 또 고장이 났습니다.　　➡ ☐

04 두 팀은 실력이 **대**등해서 결과를 예상하기 어렵습니다.　　➡ ☐

1 다음 사다리를 따라 내려간 후 한자의 훈(뜻)과 음(소리)을 쓰세요.

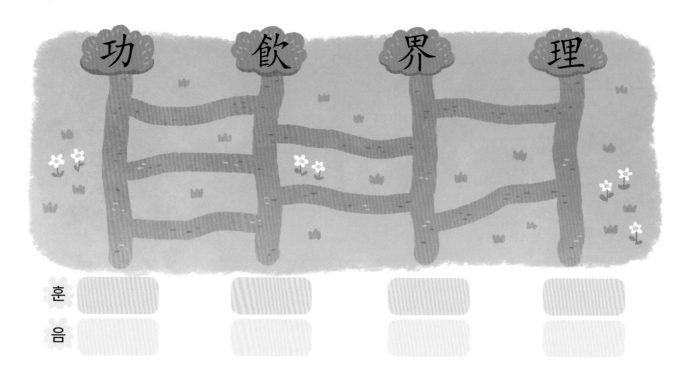

훈

음

2 다음 한자 어원과 관련 있는 글자를 찾아 연결하고 훈(뜻)과 음(소리)을 쓰세요.

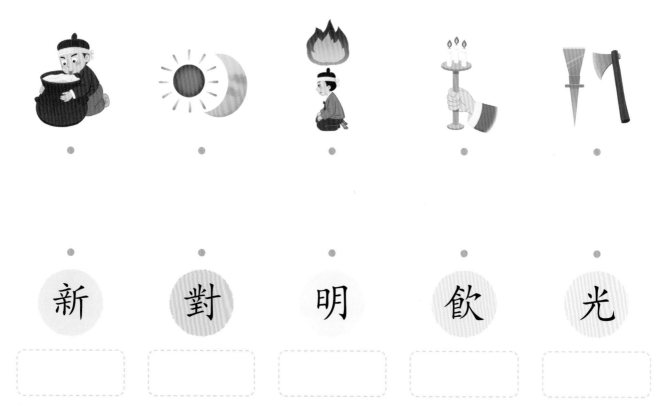

新　　對　　明　　飮　　光

3 다음 퍼즐에 들어갈 조각을 찾아 빈 퍼즐조각에 번호를 쓰고 한자어의 독음(소리)을 쓰세요.

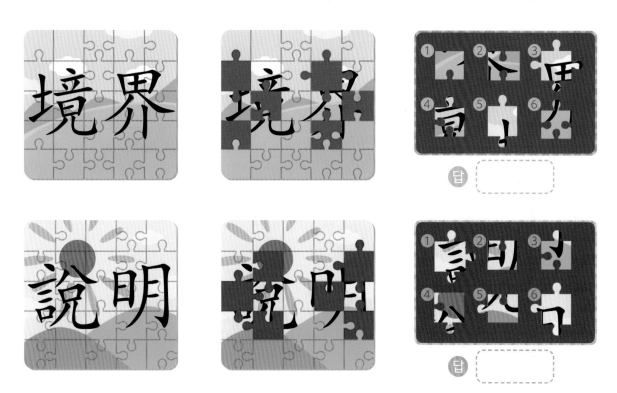

답 [   ]

답 [   ]

新
功
界
飮
明
光
對
理

4 동승이 설명하는 의미에 맞는 한자어를 연등에서 찾아 ○표 하세요.

對비
유功

공로가 있음

최新
光선

빛의 줄기

식飮
요理

음식을 만드는 일

1 다음 밑줄 친 한자어의 음(소리)을 쓰세요.

01 유명한 소설가가 <u>新作</u>을 발표했습니다. ☐

02 저는 <u>心理</u>상담 일을 하고 싶습니다. ☐

03 그는 사업을 해서 큰 <u>成功</u>을 하였습니다. ☐

2 다음 한자의 훈(뜻)과 음(소리)을 쓰세요.

01 對 [훈] _____ [음] _____

02 明 [훈] _____ [음] _____

03 飮 [훈] _____ [음] _____

04 界 [훈] _____ [음] _____

3 다음 중 상대(반대)되는 한자끼리 연결되지 <u>않은</u> 것을 고르세요. ☐

❶ 新 ⟷ 舊 옛 구[준 5급]

❷ 明 ⟷ 光

❸ 功 ⟷ 過 허물 과[준 5급]

4 다음 문장을 읽고 빈칸에 들어갈 알맞은 한자를 보기에서 찾아 번호를 쓰세요.

보기   ❶ 界   ❷ 飮   ❸ 理   ❹ 功

01 세 ☐ 최초로 민간인 우주 관광에 성공하였습니다.

02 공원 곳곳에 ☐ 료수 자판기가 놓여 있습니다.

5 다음 뜻에 맞는 한자어를 보기에서 골라 번호를 쓰세요.

보기   ❶ 光線   ❷ 外界   ❸ 對答   ❹ 發明

01 지금까지 없던 것을 처음 만들어 냄 ☐

02 지구 밖의 세계 ☐

6 다음 한자의 진하게 표시한 획은 몇 번째 쓰는지 보기에서 찾아 그 번호를 쓰세요.

보기
❶ 첫 번째   ❷ 두 번째
❸ 세 번째   ❹ 네 번째
❺ 다섯 번째   ❻ 여섯 번째
❼ 일곱 번째   ❽ 여덟 번째
❾ 아홉 번째   ❿ 열 번째

01 對 ☐   02 界 ☐   03 新 ☐

1 안의 한자의 음(소리)으로 알맞은 것을 찾아 번호를 쓰세요.

01 明 ☐
 ❶ 명 　❷ 월 　❸ 음 　❹ 신

02 對 ☐
 ❶ 촌 　❷ 대 　❸ 공 　❹ 리

03 界 ☐
 ❶ 광 　❷ 개 　❸ 계 　❹ 전

2 보기 의 단어들과 가장 관련이 깊은 한자를 고르세요.

보기 　번개 　황금 　반딧불이

01 ❶ 飮 ❷ 光 ❸ 新 ❹ 界 ☐

보기 　나라 　백성 　마음

02 ❶ 理 ❷ 明 ❸ 功 ❹ 對 ☐

3 안의 한자어의 독음(소리)으로 알맞은 것을 고르세요.

01 예산을 결정하기 위해 理事 들이 회의를 했습니다. ☐
 ❶ 리사 　❷ 세계 　❸ 대비 　❹ 이사

02 상한 飮食 을 먹고 배탈이 났습니다. ☐
 ❶ 음식 　❷ 야광 　❸ 식음 　❹ 유공

4 안의 뜻을 가진 한자를 보기 에서 찾아 쓰세요.

보기 　新 功 明 光 對

01 희정이는 어른을 대하는 태도가 항상 공손합니다. ☐

02 아이들의 눈에서 반짝반짝 빛 이 나기 시작했습니다. ☐

03 왕은 전쟁에 공 을 세운 자들에게 상을 내렸습니다. ☐

5 보기 의 뜻을 참고하여 ◯ 안에 공통으로 들어갈 한자를 쓰세요.

보기
❶ ◯婦 : 이제 막 결혼했거나 결혼하는 여자
❷ ◯羅 : 박혁거세가 세운 나라

01 ☐

보기
❶ 各◯ : 사회의 각 분야
❷ 境◯ : 나라나 땅이 나뉘는 범위

02 ☐

혹부리 영감의 노래

마음씨 착한 혹부리 영감의 고운 노래를 듣고 뿔角이 난 도깨비들이 몰려 왔어요.
영감은 무서웠지만 노래 솜씨를 뽐내며 혹 안에 재주術가 숨어 있다고 둘러댔어요.
그 말을 믿은信 도깨비들은 금은보화를 놓고放 영감의 혹은 떼어 갔어요.

문장 힌트를 읽고 그림 속에 숨은 한자를 찾아봅시다.

角 術 信 放 庭 等 今 球 形

심술궂은 혹부리 영감도 그 소문을 듣고 빈집의 뜰庭에서 노래를 불렀어요.
도깨비 무리等가 나타나 이제今는 속지 않는다면서 혹을 하나 더 붙여버렸어요.
혹 떼러 갔던 못된 혹부리 영감은 공球 모양形의 혹을 하나 더 갖게 되었어요.

등等

形

庭

球

7

角術信放庭等今球形

"혹부리 영감 설화"는 한 혹부리영감이 도깨비를 속여 자기 혹을 떼고 부자가 되
자, 못된 혹부리영감도 똑같이 흉내 내면서 거짓말을 했다가 도리어 혹을 하나
더 붙이게 되었다는 이야기예요. 다른 사람을 속여서 행운을 얻고자 하는 것은
간혹 성공할 수는 있어도 결국은 실패하고 만다는 교훈을 배울 수 있어요.

혹부리 영감의 노래　93

몬드리안의 미술(術) 작품에는 직각(角)과 직선으로만 된 것이 많아요.

뿔 각

부수	角(뿔 각)
획수	총 7획
中	角(jiǎo) 지아오

상형

'뿔 각'은 짐승의 뿔을 그린 모양으로, 뿔이나 모퉁이라는 의미를 가지고 있어요.

재주 술

부수	行(다닐 행)
획수	총 11획
中	术(shù) 슈*

行 + 术 회의

'재주 술'은 빠르게 움직이는 손을 그린 모양으로 재주라는 의미를 가지고 있어요.

교과서 속 숨은 한자

 과학

頭 角　頭 머리 두

두각 : 뛰어난 지식이나 재능을 비유적으로 이르는 말

수학

三 角 形　三 석 삼
　　　　　形 모양 형

삼각형 : 세 개의 선으로 둘러싸인 평면도형

수학

角 度　度 법도 도

각도 : 각의 크기

 과학

手 術　手 손 수

수술 : 의료기기를 사용하여 병을 고치는 일

미술

藝 術　藝 재주 예

예술 : 아름다움을 표현하는 인간의 활동

사회

技 術　技 재주 기

기술 : 어떤 것을 잘 다루는 재주나 방법

쓰는 순서에 맞게 예쁘게 따라 쓰세요.

총 7획 角 角 角 角 角 角 角

角	角	角				
뿔 각						

총 11획 術 術 術 術 術 術 術 術 術 術 術

術	術	術				
재주 술						

7
角
術
信
放
庭
等
今
球
形

 훈(뜻)음(소리)에 해당하는 한자와 그림을 연결하세요.

재주 술 •　　　　• 角 •　　　　•

뿔 각 •　　　　• 術 •　　　　•

 다음 밑줄 친 글자에 해당하는 한자를 찾아 ○표 하세요.

01 재훈이는 학업에도 남다른 **두각**을 나타냈습니다.

角 | 術

02 많은 과학자가 첨단 **기술** 개발에 노력하고 있습니다.

角 | 術

03 꼭짓점이 셋 이상인 도형에 **삼각**형이 포함됩니다.

角 | 術

04 그녀는 **예술** 활동에 일평생을 바쳤습니다.

角 | 術

신(信)뢰할 수 있는 것만 방(放)송에 나와야 해요.

信
믿을 신

부수 亻(사람인변)
획수 총 9획
中 信(xìn) 신

亻 + 言 회의

'믿을 신'은 사람과 입을 그린 모양으로 사람의 말은 믿을 수 있어야 한다는 의미를 가지고 있어요.

放
놓을 방

부수 攵(등글월문)
획수 총 8획
中 放(fang) 팡*

方 + 攵 형성

'놓을 방'은 소의 등에 물리는 쟁기와 몽둥이를 쥐고 있는 손을 그린 모양으로 몽둥이로 쳐서 보낸다라는 의미를 가지고 있어요.

교과서 속 숨은 한자

사회
不 信 不 아닐 불

불신 : 믿지 아니 함

국어
自 信 感 自 스스로 자
感 느낄 감

자신감 : 자신이 있다는 느낌

사회
信 號 號 이름 호

신호 : 소리, 몸짓, 기호로 정보를 전달하거나 지시함

국어
放 心 心 마음 심

방심 : 걱정없이 마음을 놓아 버림

국어
放 學 學 배울 학

방학 : 일정 기간 동안 수업을 쉬는 일. 또는 그 기간

사회
放 送 送 보낼 송

방송 : 라디오나 텔레비전으로 소리나 영상을 보내는 일

쓰는 순서에 맞게 예쁘게 따라 쓰세요.

총 9획   信 信 信 信 信 信 信 信 信

信	信	信				
믿을 신						

총 8획   放 放 放 放 放 放 放 放

放	放	放				
놓을 방						

 다음 한자의 훈(뜻)과 음(소리)을 쓰세요.

信   훈 _____ 음 _____

放   훈 _____ 음 _____

 다음 빈칸에 들어갈 알맞은 한자를 쓰세요.

01 부모님의 격려로 나는   自   感   을 얻었습니다.

02 언니는   學   동안 아르바이트를 했습니다.

03 올림픽 경기가 전국으로 중계   送   이 되었습니다.

04 서율이는 횡단보도 앞에서   號   등이 바뀌기를 기다립니다.

7

角
術
信
放
庭
等
今
球
形

정(庭)원에 앉아서 등(等)고선이 그려진 지도를 보았어요.

뜰 정

부수 广(엄 호)
획수 총 10획
中 庭(tíng) 팅

广 + 廷 형성

'뜰 정'은 계단을 오르는 사람을 그린 모양으로 뜰이나 마당이라는 의미를 가지고 있어요.

무리 등

부수 竹(대나무 죽)
획수 총 12획
中 等(děng) 덩

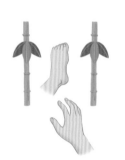

竹 + 寺 회의

'무리 등'은 관청에서 사용하는 대나무 문서를 그린 모양으로 등급, 계급이라는 의미를 가지고 있어요.

교과서 속 숨은 한자

과학
庭 園
園 동산 원
정원 : 집 안에 있는 뜰이나 꽃밭

도덕
家 庭
家 집 가
가정 : 한 가족이 생활하는 집

도덕
校 庭
校 학교 교
교정 : 학교 마당이나 운동장

국어
同 等
同 한가지 동
동등 : 등급이나 정도가 같음

사회
平 等
平 평평할 평
평등 : 차별없이 고른 것

가을
初 等
初 처음 초
초등 : 맨 처음 등급이나 맨 아래 등급

쓰는 순서에 맞게 예쁘게 따라 쓰세요.

총 10획 庭 庭 庭 庭 庭 庭 庭 庭 庭 庭

庭	庭	庭					
뜰 정							

총 12획 等 等 等 等 等 等 等 等 等 等 等 等

等	等	等					
무리 등							

7

角
術
信
放
庭
等
今
球
形

 다음 그림을 보고 알맞은 한자를 찾아 ○표 하세요.

   庭   等

   庭   等

 다음 밑줄 친 한자어의 음(소리)을 쓰세요.

01 수업을 마치는 종소리가 校庭에 울렸습니다.   →

02 우리 학교 학생들은 모두 同等한 조건에서 공부합니다.   →

03 여러분들의 家庭에 행운이 깃들기 바랍니다.   →

04 서진이는 올해 初等학교 1학년이 되었습니다.   →

우리는 지금(今) 야구(球) 경기를 보고 있어요.

今
이제 금

부수	人(사람 인)
획수	총 4획
中	今(jīn) 찐

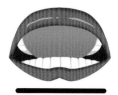

亼 + ㄱ 회의

'이제 금'은 입 안에 무언가가 들어가 있는 것을 그린 모양으로 나중에 시간 개념인 이제, 곧이라는 의미를 가지게 되었어요.

球
공 구

부수	玉(玉 구슬 옥)
획수	총 11획
中	球(qiú) 치우

玉 + 求 형성

'공 구'는 구슬을 그린 모양으로 둥글다라는 의미를 가지고 있어요.
*玉(구슬 옥)은 王(임금 왕)으로 생략해서 쓰이기도 해요.

교과서 속 숨은 한자

수학

今 年
年 해 년

금년 : 올해

가을

方 今
方 모 방

방금 : 바로 조금 전

수학

只 今
只 다만 지

지금 : 바로 이때

과학

地 球
地 땅 지

지구 : 태양에서 셋째로 가깝고 인류가 살고 있는 행성

수학

野 球
野 들 야

야구 : 두 팀이 9회씩 공격과 수비를 번갈아 하며 승패를 겨루는 경기

수학

卓 球
卓 높을 탁

탁구 : 탁자 가운데 그물을 치고 작은 공을 채로 치고 받는 경기

쓰는 순서에 맞게 예쁘게 따라 쓰세요.

총 4획 今 今 今 今

今	今	今				
이제 금						

총 11획 球 球 球 球 球 球 球 球 球 球 球

球	球	球				
공 구						

 다음 한자에 해당하는 음(소리)을 찾아 ○표 하세요.

 今 금 ┆ 구

 球 금 ┆ 구

 다음 밑줄 친 글자의 한자를 쓰세요.

01 형은 선생님의 권유에 따라 야**구**를 시작했습니다. ➡ ☐

02 아나운서가 방**금** 들어온 새로운 소식을 보도했습니다. ➡ ☐

03 지**금** 벚꽃이 한창 필 시기입니다. ➡ ☐

04 우리는 하나뿐인 지**구**를 아끼고 보존해야 합니다. ➡ ☐

내가 좋아하는 도**형(形)**은 삼각**형(形)**이에요.

모양 형

부수	彡(터럭삼)
획수	총 7획
中	形(xíng) 싱

形 形

开 + 彡 회의

'모양 형'은 두 개의 모양이 같은 방패를 그린 것으로 모양, 형상이라는 의미를 가지고 있어요.

형형색색 形 形 色 色

모양 형 모양 형 빛 색 빛 색

＊모양이나 종류가 다른 가지각색의 것.

교과서 속 숨은 한자

국어

形 式

式 법 식

형식 : 사물이 겉으로 드러나 보이는 모양

수학

圓 形

圓 둥글 원

원형 : 둥근 모양

도덕

形 便

便 편할 편

형편 : 일이 되어가는 모습

내가 좋아하는 도형은 삼각형이에요.

쓰는 순서에 맞게 예쁘게 따라 쓰세요.

총 7획	形	形	形	形	形	形	形
	形	形	形				
모양 형							

 다음 한자의 훈(뜻)과 음(소리)을 쓰세요.

形 → 形 | 훈 _____ 음 _____

 다음 한자에 해당하는 그림과 음(소리)을 찾아 연결하세요.

形

모양 형

공 구

 다음 밑줄 친 한자어의 음(소리)을 쓰세요.

01 선물은 자신의 <u>形便</u>에 맞게 준비하면 됩니다. →

02 서준이는 오늘 수학시간에 사용할 <u>圓形</u> 자석을 준비했습니다. →

03 부모에 대한 효는 <u>形式</u>보다는 마음이 더욱 중요합니다. →

1 다음 그림을 보고 위에서 본 우산과 모양이 같은 우산을 연결해보세요.

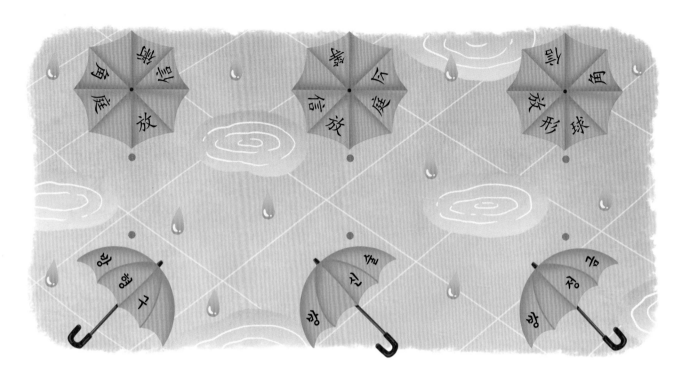

2 다음 한자 어원과 관련 있는 글자를 찾아 연결하고 훈(뜻)과 음(소리)을 쓰세요.

今　　術　　球　　形　　角

3 다음 한자어의 의미와 한자어의 짝을 찾아 선으로 연결하세요.

4 보기 와 같이 암호를 찾아 숫자를 쓰고, 한자어를 완성해보세요.

① ㄹ ② ㅂ ③ ㅅ ④ ㅇ ⑤ ㅈ ⑥ ㄴ ⑦ ㅏ ⑧ ㅓ ⑨ ㅜ ⑩ ㅣ

1 다음 밑줄 친 한자어의 음(소리)을 쓰세요.

01 地球에는 많은 사람들이 살고 있습니다. ☐

02 삶의 질은 算術적으로만 판단할 수 없습니다. ☐

03 최 대감은 고을 원님의 편지에 答信을 하였습니다. ☐

2 다음 한자의 훈(뜻)과 음(소리)을 쓰세요.

01 信 훈 ＿＿＿＿＿＿ 음 ＿＿＿＿

02 放 훈 ＿＿＿＿＿＿ 음 ＿＿＿＿

03 庭 훈 ＿＿＿＿＿＿ 음 ＿＿＿＿

04 球 훈 ＿＿＿＿＿＿ 음 ＿＿＿＿

3 다음 중 상대(반대)되는 한자끼리 연결되지 않은 것을 고르세요. ☐

❶ 昨 ↔ 今

❷ 等 ↔ 獨 홀로 독[준 5급]

❸ 各 ↔ 角

4 다음 문장을 읽고 빈칸에 들어갈 알맞은 한자를 보기에서 찾아 번호를 쓰세요.

보기 ❶ 術 ❷ 等 ❸ 放 ❹ 形

01 철수는 이번 경기에서 우리 반의 승리를 이끈 일 ☐ 공신입니다.

02 여행 중에 휴대폰이 ☐ 전되어 애를 먹었습니다.

5 다음 뜻에 맞는 한자어를 보기에서 골라 번호를 쓰세요.

보기 ❶ 放水 ❷ 形便
　　　❸ 信用 ❹ 家庭

01 물을 흘려 보냄 ☐

02 일이 되어가는 모양이나 경로 ☐

6 다음 한자의 진하게 표시한 획은 몇 번째 쓰는지 보기에서 찾아 그 번호를 쓰세요.

보기 ❶ 첫 번째　　❷ 두 번째
　　　❸ 세 번째　　❹ 네 번째
　　　❺ 다섯 번째　❻ 여섯 번째
　　　❼ 일곱 번째　❽ 여덟 번째
　　　❾ 아홉 번째　❿ 열 번째

01 庭 ☐　02 角 ☐　03 放 ☐

1 ▒ 안의 한자의 음(소리)으로 알맞은 것을 찾아 번호를 쓰세요.

01 信 ☐
 ❶ 순 ❷ 언 ❸ 구 ❹ 신

02 庭 ☐
 ❶ 정 ❷ 방 ❸ 술 ❹ 금

03 等 ☐
 ❶ 등 ❷ 형 ❸ 계 ❹ 각

2 보기 의 단어들과 가장 관련이 깊은 한자를 고르세요.

보기 행성 스포츠 방울

01 ❶ 信 ❷ 放 ❸ 術 ❹ 球 ☐

보기 소 양 사슴

02 ❶ 今 ❷ 角 ❸ 等 ❹ 庭 ☐

3 ▒ 안의 한자어의 독음(소리)으로 알맞은 것을 고르세요.

01 홍길동이 道術 을 부렸습니다.
 ☐
 ❶ 지금 ❷ 도술 ❸ 가정 ❹ 형식

02 나는 그 일을 거뜬히 해낼 自信 이 있습니다. ☐
 ❶ 목격 ❷ 자신 ❸ 불신 ❹ 형식

4 ▒ 안의 뜻을 가진 한자를 보기 에서 찾아 쓰세요.

보기 放 等 今 球 形

01 내 동생은 이제 겨우 세 살입니다.
 ☐

02 길가에 쓰레기를 쌓아 놓아서 지저분해졌습니다. ☐

03 벌집은 수많은 육각형이 모여 있는 모양 입니다. ☐

5 보기 의 뜻을 참고하여 ○ 안에 공통으로 들어갈 한자를 쓰세요.

보기
 ❶ 家○ : 한 가족이 생활하는 집
 ❷ 校○ : 학교 마당이나 운동장

01 ☐

보기
 ❶ ○式 : 사물이 겉으로 드러나 보이는 모양
 ❷ 圓○ : 둥근 모양

02 ☐

7

角
術
信
放
庭
等
今
球
形

천지를 나눈 설문대할망

탐라에는 세상에서 가장 키가 큰 설문대 할망이 살았어요.

할망이 방귀를 한 번 뀌자, 공간은 비로소始 하늘과 땅으로 나누어分졌어요.

할망은 바다에서 옮겨運온 흙을 모아集 한라산을 완성했어요.

문장 힌트를 읽고 그림 속에 숨은 한자를 찾아봅시다.

始 運 集 果 公 分 各 第 圖

할망의 몸에 난 **각各** 기관들은 **차례第**대로 풀과 나무, 해초와 물고기가 되었어요.
사람들은 할망의 몸에 농사를 짓고 **열매果**를 얻어 **공평公**하게 나눠 먹었어요.
탐라 사람들은 할망이 만들어준 **그림圖**같이 아름다운 섬에서 행복하게 살았어요.

始
運
集
果
公
分
各
第
圖

"설문대 할망 설화" 설문대 할망은 제주도를 만들었다고 전해지는 거대한 여신이에
요. 방귀를 한 번 뀌니 천지가 창조되었고, 바다에서 흙을 옮겨와 한라산을 만들었다
고 해요. 이 외에도 제주도에는 설문대 할망이 만들었다는 섬과 바위 등의 자연물이
많아서 제주도 전체가 설문대 할망의 작품이라는 이야기가 전해지고 있어요.

천지를 나눈 설문대할망 **109**

엄마가 운(運)전대를 잡고 차를 움직이기 시(始)작했어요.

始

비로소 시

부수	女(여자 녀)
획수	총 8획
中	始(shǐ) 스*

女 + 台 회의

'비로소 시'는 수저를 입에 가져다 대는 여자를 그린 모양으로 시작하다라는 의미를 가지고 있어요.

運

옮길 운

부수	辶(쉬엄쉬엄갈 착)
획수	총 13획
中	运(yùn) 윈

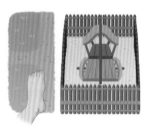

辶 + 軍 회의

'옮길 운'은 이동하는 군대를 그린 모양으로 옮기다, 이동하다라는 의미를 가지고 있어요.

교과서 속 숨은 한자

 과학

始 動 動 움직일 동

시동 : 처음으로 움직이기 시작함

 국어

始 作 作 지을 작

시작 : 어떤 일이나 행동의 첫 단계를 이룸

 사회

原 始 原 근원 원

원시 : 시작하는 처음

국어

幸 運 幸 다행 행

행운 : 행복한 운수

과학

運 動 動 움직일 동

운동 : 물체가 시간의 경과에 따라 그 공간적 위치를 바꾸는 일

사회

運 搬 搬 옮길 반

운반 : 물건을 옮겨 나름

쓰는 순서에 맞게 예쁘게 따라 쓰세요.

총 8획	始 始 始 始 始 始 始 始						
始	始	始					
비로소 시							

총 13획	運 運 運 運 運 運 運 運 運 運 運 運 運						
運	運	運					
옮길 운							

훈(뜻)음(소리)에 해당하는 한자와 그림을 연결하세요.

비로소 시 •   • 運 •

옮길 운 •   • 始 •

다음 밑줄 친 글자에 해당하는 한자를 찾아 ○표 하세요.

01 <u>시</u>동을 걸자 자동차가 움직이기 시작했습니다.   始 ┊ 運

02 내가 해린이를 만나게 된 것은 정말 행<u>운</u>이었다고 생각합니다.   始 ┊ 運

03 서연이는 올해부터 중국어를 배우기 <u>시</u>작했습니다.   始 ┊ 運

04 적당한 <u>운</u>동이 건강에 좋습니다.   始 ┊ 運

결과(果)보다는 과정에 집(集)중해야 해요.

부수	隹(새 추)
획수	총 12획
中	集(jí) 지

佳 + 木 회의

모을 집

'모을 집'은 나무에 앉아 있는 새를 그린 모양으로 모이다라는 의미를 가지고 있어요.

부수	木(나무 목)
획수	총 8획
中	果(guǒ) 구어

상형

실과 과

'실과 과'는 열매가 맺혀 있는 나뭇가지를 그린 모양으로 열매, 결과라는 의미를 가지고 있어요.

교과서 속 숨은 한자

集 計 計 셀 계

집계 : 이미 된 계산들을 한데 모아서 계산함

集 中 中 가운데 중

집중 : 한 가지 일에 모든 힘을 쏟아부음

集 大 成 大 큰 대
成 이룰 성

집대성 : 많은 훌륭한 것을 모아서 하나의 완전한 것으로 만들어 냄

結 果 結 맺을 결

결과 : 어떤 원인으로 결말이 생김

果 樹 園 樹 나무 수
園 동산 원

과수원 : 과일 나무를 심은 밭

效 果 效 본받을 효

효과 : 어떤 일을 하여 나타나는 보람이나 좋은 결과

쓰는 순서에 맞게 예쁘게 따라 쓰세요.

총12획 集 集 集 集 集 集 集 集 集 集 集 集

集	集	集			
모을 집					

총8획 果 果 果 果 果 果 果 果

果	果	果			
실과 과					

다음 한자의 훈(뜻)과 음(소리)을 쓰세요.

集 훈 _____ 음 _____

果 훈 _____ 음 _____

다음 빈칸에 들어갈 알맞은 한자를 쓰세요.

01 은찬이는 선생님 말씀을 [　中] 해서 들었습니다.

02 베스트셀러는 각 서점에서 각각 [　計] 합니다.

03 이번 주말에 [樹 園] 에 사과를 따러 가기로 했습니다.

04 열심히 노력해야 좋은 [結　] 를 얻게 됩니다.

일할 때에는 공(公)과 사를 구분(分)해야 해요.

公
공평할 공

부수	八(여덟 팔)
획수	총 4획
中	公(gōng) 꿍

八 + 厶 회의

'공평할 공'은 정확하게 나눈 사물을 그린 모양으로 공평하다라는 의미를 가지고 있어요.

分
나눌 분

부수	八(여덟 팔)
획수	총 4획
中	分(fēn) 펀*

八 + 刀 회의

'나눌 분'은 반으로 나누어진 사물을 그린 모양으로 나누다, 구별하다의 의미를 가지고 있어요.

교과서 속 숨은 한자

 과학
公 轉 轉 구를 전

공전 : 한 천체가 다른 천체의 둘레를 주기적으로 도는 일

 수학
公 式 式 법 식

공식 : 계산의 법칙을 문자와 기호로 나타낸 식

 사회
公 約 約 맺을 약

공약 : 어떤 일에 대하여 실행할 것을 약속함

 사회
分 業 業 업 업

분업 : 일을 나누어 함

 수학
分 子 子 아들 자

분자 : 분수에서 가로줄 위에 있는 수나 식

 국어
分 類 類 무리 류

분류 : 종류에 따라서 나눔

쓰는 순서에 맞게 예쁘게 따라 쓰세요.

총 4획	公 公 公 公					
公	公	公				
공평할 공						

총 4획	分 分 分 分					
分	分	分				
나눌 분						

 다음 그림을 보고 알맞은 한자를 찾아 ○표 하세요.

  公 分

 公 分

 다음 밑줄 친 한자어의 음(소리)을 쓰세요.

01 개미 사회에도 分業과 계급이 있습니다. ⟶ [ ]

02 이 수학문제는 公式을 알면 쉽게 풀 수 있습니다. ⟶ [ ]

03 당선자들은 公約을 지키기 위해서 노력해야 합니다. ⟶ [ ]

04 分子가 분모보다 큰 분수를 가분수라 합니다. ⟶ [ ]

8

始
運
集
果
公
分
各
第
圖

사람들은 **각(各)**자 자신이 **제(第)**일이라고 생각한다.

각각 각

부수 口(입 구)

획수 총 6획

中 各(gè) 끄어

攵 + 口 회의

'각각 각'은 입구 쪽으로 오는 발을 그린 모양으로 각자 따로 온다는 의미가 생겨 각각, 제각기라는 의미를 가지게 되었어요.

차례 제

부수 竹(대나무 죽)

획수 총 11획

中 第(dì) 띠

竹 + 弟 형성

'차례 제'는 대나무에 줄을 차례로 감아 놓은 모습을 그린 모양으로 차례라는 의미를 가지고 있어요.

교과서 속 숨은 한자

국어

各 別

別 다를 별

각별 : 어떤 일에 대한 마음가짐이 특별함

사회

各 界

界 지경 계

각계 : 사회의 각 분야

수학

各 自

自 스스로 자

각자 : 각각의 사람이 따로따로

국어

第 一

一 한 일

제일 : 여럿 가운데서 첫째

사회

及 第

及 미칠 급

급제 : 옛날에 과거시험에서 합격하던 일

사회

落 第

'落'(락)이 단어 첫머리에 올 때는 '낙'으로 읽어요.

落 떨어질 락

낙제 : 시험에 떨어지는 것

쓰는 순서에 맞게 예쁘게 따라 쓰세요.

총 6획	各 各 各 各 各 各						
各	各	各					
각각 각							

총 11획	第 第 第 第 第 第 第 第 第 第 第						
第	第	第					
차례 제							

다음 한자에 해당하는 음(소리)을 찾아 ○표 하세요.

 各 　각 ┊ 제

 第 　각 ┊ 제

다음 밑줄 친 글자의 한자를 쓰세요.

01 새 학기에는 선생님들의 **각**별한 관심이 필요합니다.　　→ □

02 나는 과일 중에 수박을 **제**일 좋아합니다.　　→ □

03 옛날에는 장원 급**제**를 하면 탄탄한 벼슬길에 올랐습니다.　　→ □

04 불우 이웃 돕기에 **각**계의 온정이 쏟아졌습니다.　　→ □

始
運
集
果
公
分
各
第
圖

8

그림 도

부수	口(큰 입구 몸)
획수	총 14획
中	图(tú) 투

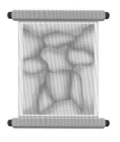

口 + 啚 회의

'그림 도'는 변방 지역을 그린 지도를 그린 모양으로 그림이라는 의미를 가지고 있어요.

각자도생 各 自 圖 生

각각 각　　스스로 자　　그림 도　　날 생

＊사람은 저마다 살 방법을 도모함

교과서 속 숨은 한자

국어

圖 書

書 글 서

도서 : 글씨, 그림, 책 등을 일컫는 말

국어

意 圖

意 뜻 의

의도 : 무엇을 하고자 하는 생각이나 계획

수학

圖 表

表 겉 표

도표 : 그림으로 보기 좋게 나타낸 표

도화지에 몽유도원도를 따라 그렸어요.

쓰는 순서에 맞게 예쁘게 따라 쓰세요.

총 14획　圖 圖 圖 圖 圖 圖 圖 圖 圖 圖 圖 圖 圖 圖

圖	圖	圖			
그림 도					

 다음 한자의 훈(뜻)과 음(소리)을 쓰세요.

훈 ＿＿＿＿ 음 ＿＿＿＿

 다음 한자에 해당하는 그림과 훈(뜻)음(소리)을 찾아 연결하세요.

옮길 운

그림 도

 다음 밑줄 친 한자어의 음(소리)을 쓰세요.

01 그 책을 다 읽었지만, 글쓴이의 意圖를 알 수 없었습니다. →

02 이 圖書관에서는 많은 양의 圖書가 비치되어 있습니다. →

03 자세한 것은 圖表를 보면서 설명 드리겠습니다. →

연습문제

1 다음 한자의 부수와 부수의 훈(뜻)음(소리)을 찾아 선으로 연결하세요.

2 다음 한자 어원과 관련 있는 글자를 찾아 연결하고 훈(뜻)과 음(소리)을 쓰세요.

천지를 나눈 설문대할망

3 탐라사람들이 설문대 할망을 만나러 갑니다. 옳은 한자어를 따라 길을 찾아가보세요.

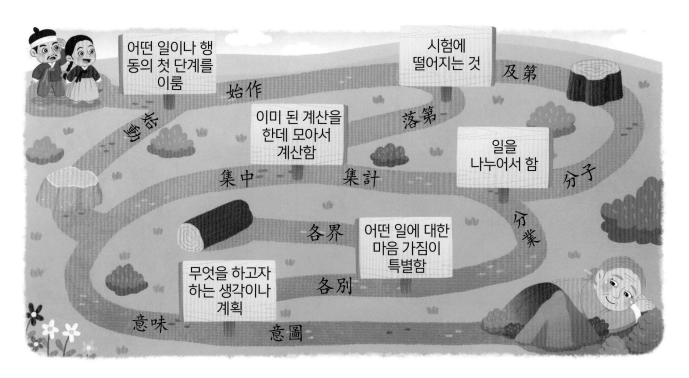

8
始 運 集 果 公 分 各 第 圖

4 제시된 번호대로 선을 연결하여 완성되는 한자어를 보기 에서 찾아 써보세요.

보기
結果 圖表 運動 公式

① ② ③
④ ⑤ ⑥

3-4-2-1-5
ㄱ ㄹ ㄱ
ㅕ ㅘ ㅂ

6-1-5-4-3-2
ㅜ ㅇ ㅗ
ㄷ ㄴ ㅇ

1-2-5-6
ㄷ ㅗ ㄴ
ㅏ ㅍ ㅛ

5-2-3-4-1-6
ㅣ ㅗ ㅇ
ㅅ ㄱ ㄱ

1 다음 밑줄 친 한자어의 음(소리)을 쓰세요.

01 가을은 오곡과 <u>百果</u>가 무르익는 계절입니다. ☐

02 자동차에 이상이 생겼는지 <u>始動</u>이 걸리지 않습니다. ☐

03 돋보기로 햇빛의 열을 한 곳으로 <u>集中</u>시킬 수 있습니다. ☐

2 다음 한자의 훈(뜻)과 음(소리)을 쓰세요.

01 運　훈＿＿＿＿＿　음＿＿＿＿＿

02 各　훈＿＿＿＿＿　음＿＿＿＿＿

03 第　훈＿＿＿＿＿　음＿＿＿＿＿

04 公　훈＿＿＿＿＿　음＿＿＿＿＿

3 다음 중 상대(반대)되는 한자끼리 연결되지 <u>않은</u> 것을 고르세요. ☐

❶ 分 ⟷ 子 아들 자[준 7급]

❷ 公 ⟷ 私 사사 사[4급]

❸ 始 ⟷ 終 마칠 종[5급]

4 다음 문장을 읽고 빈칸에 들어갈 알맞은 한자를 보기 에서 찾아 번호를 쓰세요.

보기 　❶ 公　❷ 第　❸ 圖　❹ 分

01 정부의 ☐ 공 기관들이 지방으로 이전하였습니다.

02 태훈이는 이번에 여행할 지역을 지☐에 표시해 보았습니다.

5 다음 뜻에 맞는 한자어를 보기 에서 골라 번호를 쓰세요.

보기 　❶ 各界　❷ 集計　❸ 第一　❹ 結果

01 이미 된 계산들을 한데 모아서 계산함 ☐

02 여럿 가운데서 첫째 ☐

6 다음 한자의 진하게 표시한 획은 몇 번째 쓰는지 보기 에서 찾아 그 번호를 쓰세요.

보기
❶ 첫 번째　❷ 두 번째
❸ 세 번째　❹ 네 번째
❺ 다섯 번째　❻ 여섯 번째
❼ 일곱 번째　❽ 여덟 번째
❾ 아홉 번째　❿ 열 번째

01 各 ☐　**02** 集 ☐　**03** 始 ☐

1 ▨ 안의 한자의 음(소리)으로 알맞은 것을 찾아 번호를 쓰세요.

01 公 ☐
① 공　② 운　③ 국　④ 과

02 第 ☐
① 집　② 제　③ 시　④ 약

03 果 ☐
① 도　② 분　③ 말　④ 과

2 보기 의 단어들과 가장 관련이 깊은 한자를 고르세요.

보기　미술　화가　물감

01 ① 各　② 始　③ 圖　④ 分 ☐

보기　씨　나무　주스

02 ① 運　② 果　③ 第　④ 集 ☐

3 ▨ 안의 한자어의 독음(소리)으로 알맞은 것을 고르세요.

01 식사 비용은 各自 내기로 했습니다. ☐
① 각자　② 공평　③ 과연　④ 공개

02 감기 氣運 이 있어서 모과차를 마셨습니다. ☐
① 운동　② 분업　③ 시작　④ 기운

4 ▨ 안의 뜻을 가진 한자를 보기 에서 찾아 쓰세요.

보기　始　集　公　分　各

01 선생님이 아이들에게 간식을 골고루 나누어 주었습니다. ☐

02 헝겊 조각들을 모아서 작은 가방을 만들었습니다. ☐

03 친구와 화해한 후 나는 비로소 마음이 편안해졌습니다. ☐

5 보기 의 뜻을 참고하여 ○ 안에 공통으로 들어갈 한자를 쓰세요.

보기
① 結 ○ : 어떤 원인으로 결말이 생김
② ○ 樹園 : 과일 나무를 심은 밭

01 ☐

보기
① ○ 別 : 어떤 일에 대한 마음가짐이 특별함
② ○ 界 : 사회의 각 분야

02 ☐

9 단계 대결에서 승리한 김삿갓

김삿갓은 과科거 시험에서 주제題에 딱 들어맞는 훌륭한 글書을 썼어요.
심사위원들은 글을 읽고讀 감탄하였고, 김삿갓은 장원 급제했어요.
하지만 자신의 할아버지가 돌이킬反 수 없는 죄를 저질러 벼슬은 포기했어요.

문장 힌트를 읽고 그림 속에 숨은 한자를 찾아봅시다.

科 題 書 讀 反 童 弱 半 作

김삿갓은 스님과 내기를 했다가 져서 이가 **반半**이나 뽑힌 **아이童**들을 만났어요.
약한弱 아이들을 괴롭히는 스님이 괘씸하여 아이들과 함께 스님을 찾아갔어요.
이번에는 시 **짓기作**를 제안했고, 결국 김삿갓이 이겨서 스님도 생니를 뽑혔답니다.

科題書讀反童弱作

"방랑시인 김삿갓 설화" 조선의 시인 김병연은 벼슬을 단념하고 삿갓을 쓴 채 떠돌이 생활을 했기 때문에 김삿갓이라고 불렀어요. 김삿갓은 시를 짓는 재주가 뛰어나 관련 일화가 많이 전해지는데, 아이를 괴롭힌 스님을 찾아가 시 짓기 시합을 해서 스님을 궁지에 몰아넣은 이야기는 김삿갓의 실력과 재치를 엿볼 수 있는 대표적인 설화예요.

교과(科)서에 있는 문제(題)를 모두 풀었어요.

과목 과

부수	禾(벼 화)
획수	총 9획
中	科(kē) 크어

禾 + 斗 회의

'과목 과'는 벼의 품질을 가늠하기 위해 바가지로 쌀을 퍼내는 것을 그린 모양으로 분류, 종류라는 의미를 가지고 있어요.

제목 제

부수	頁(머리 혈)
획수	총 18획
中	題(tí) 티

是 + 頁 회의

'제목 제'는 해를 향해 앞으로 나아가는 모습과 얼굴을 그린 모양으로 바른 얼굴 즉, 이마를 의미하다가 나중에 글의 얼굴인 제목이라는 의미로 쓰이게 되었어요.

교과서 속 숨은 한자

과학

科 目   目 눈 목

과목 : 가르치거나 배워야 할 학문을 구분한 것

사회

教 科 書   教 가르칠 교
　　　　　書 글 서

교과서 : 학교에서 교과용으로 사용하기 위해 만든 도서

국어

科 擧   擧 들 거

과거 : 예전에 관리를 뽑을 때 실시하던 시험

국어

題 目   目 눈 목

제목 : 작품을 대표하는 내용을 보이기 위해 펼치는 이름

수학

問 題   問 물을 문

문제 : 해답을 요구하는 물음

국어

話 題   話 말씀 화

화제 : 이야기할 만한 것

쓰는 순서에 맞게 예쁘게 따라 쓰세요.

총 9획 科 科 科 科 科 科 科 科 科

科	科	科				
과목 과						

총 18획 題 題 題 題 題 題 題 題 題 題 題 題 題 題 題 題 題 題

題	題	題				
제목 제						

科
題
書
讀
反
童
弱
半
作

 훈(뜻)음(소리)에 해당하는 한자와 그림을 연결하세요.

제목 제 •   • 科 •

과목 과 •   • 題 •

 다음 밑줄 친 글자에 해당하는 한자를 찾아 ○표 하세요.

01 지우가 좋아하는 **과**목은 국어와 수학입니다.

        科 | 題

02 '자유'라는 **제**목으로 글을 써 보세요.

        科 | 題

03 책가방을 열어보니 교**과**서와 참고서가 가득 들어있었습니다.

        科 | 題

04 이번 시험**문**제가 매우 어려워졌습니다.

        科 | 題

도서(書)관에 가서 독(讀)서를 하는 것이 취미예요.

글 서

부수	曰(가로 왈)
획수	총 10획
中	书(shū) 슈*

聿 + 曰 회의

'글 서'는 붓을 쥐고 있는 손과 입을 그린 모양으로 말을 글로 적어낸다는 의미를 가지고 있어요.

읽을 독

부수	言(말씀 언)
획수	총 22획
中	读(dú) 두

言 + 賣 회의

'읽을 독'은 물건을 팔아 입으로 돈을 세는 것을 그린 모양으로 돈을 세며 중얼거리다라는 의미로 사용되다가 나중에 읽다라는 의미로 쓰이게 되었어요.

교과서 속 숨은 한자

국어

落 書
落 떨어질 락

'落'(락)이 단어 첫머리에 올 때는 '낙'으로 읽어요.

낙서 : 장난으로 아무 데나 쓴 글자나 그림

사회

書 堂
堂 집 당

서당 : 예전에 한문을 가르친 곳

사회

報 告 書
報 알릴 보
告 고할 고

보고서 : 일에 관한 내용이나 결과를 알리는 글

국어

讀 書

독서 : 책을 읽음

국어

朗 讀
朗 밝을 랑

'朗'(랑)이 단어 첫머리에 올 때는 '낭'으로 읽어요.

낭독 : 글을 소리내어 읽음

국어

讀 後 感
後 뒤 후
感 느낄 감

독후감 : 책을 읽고 난 뒤의 느낌을 적은 글

쓰는 순서에 맞게 예쁘게 따라 쓰세요.

총 10획 書書書書書書書書書書

書	書	書				
글 서						

총 22획 讀讀讀讀讀讀讀讀讀讀讀讀讀讀讀讀

讀	讀	讀				
읽을 독						

9

科
題
書
讀
反
童
弱
半
作

 다음 한자의 훈(뜻)과 음(소리)을 쓰세요.

書 훈 _____ 음 _____

讀 훈 _____ 음 _____

 다음 빈칸에 들어갈 알맞은 한자를 쓰세요.

01 그는 지우개로 칠판의 落 를 지웠습니다.

02 가을은 書 하기에 좋은 계절입니다.

03 선생님은 낭만적인 목소리로 시를 朗 했습니다.

04 堂 은 조선시대에 초등교육을 맡아 했던 사립학교입니다.

늘 반(反)대로 하는 청개구리 동(童)화를 읽었어요.

돌이킬 반

부수	又(또 우)
획수	총 4획
中	反(fǎn) 판*

又 + 厂 회의

'돌이킬 반'은 추상적인 물건을 손으로 잡아 뒤집으려는 것을 그린 모양으로 뒤집다, 배반하다라는 의미를 가지고 있어요.

아이 동

부수	立(설 립)
획수	총 12획
中	童(tóng) 퉁

里 + 立 회의

'아이 동'은 눈을 찔린 무릎 꿇은 노예를 그린 모양으로 노예라는 의미로 사용하다가 나중에 아이라는 의미를 가지게 되었어요.

교과서 속 숨은 한자

反 則 則 법칙 칙

반칙 : 규정이나 규칙을 어기는 것

 違 反 違 어길 위

위반 : 법이나 약속, 규칙을 지키지 않고 어김

 反 省 省 살필 성

반성 : 자신의 언행에 대하여 부족함이 없는 지 돌이켜 봄

 童 話 話 말씀 화

동화 : 어린이를 위해 지은 이야기

 童 心 心 마음 심

동심 : 어린 아이의 마음

 兒 童 兒 아이 아

아동 : 어린 아이

쓰는 순서에 맞게 예쁘게 따라 쓰세요.

총 4획   反 反 反 反

反	反	反				
돌이킬 반						

총 12획   童 童 童 童 童 童 童 童 童 童 童 童

童	童	童				
아이 동						

 다음 그림을 보고 알맞은 한자를 찾아 ○표 하세요.

   反   童

   反   童

 다음 밑줄 친 한자어의 음(소리)을 쓰세요.

01 큰 오빠는 교통 법규 <u>違反</u>으로 벌금을 냈습니다. ⟶ ☐

02 <u>童話</u>책을 많이 읽는 아이는 상상력이 풍부합니다. ⟶ ☐

03 어릴적 <u>童心</u>을 찾아 아이들과 봉숭아 물들이기를 했습니다. ⟶ ☐

04 <u>反則</u>해서 이기는 것은 진정한 승리가 아닙니다. ⟶ ☐

선수들의 **약(弱)**점을 **반(半)**으로 줄인다면 우리 팀이 우승 할 수 있어요.

약할 약

부수 弓(활 궁)

획수 총 10획

中 弱(ruò) 루 어

弱 弱

지사

'약할 약'은 두 개의 활 시위에 떨림이 있는 선을 그린 모양으로 약하다라는 의미를 가지고 있어요.

반 반

부수 十(열 십)

획수 총 5획

中 半(bàn) 빤

半 半 半

牛 + 八 회의

'반 반'은 소를 반으로 가르는 모습을 그린 모양으로 반으로 나누다라는 의미를 가지고 있어요.

교과서 속 숨은 한자

국어

弱 點

點 점 점

약점 : 모자라서 남에게 뒤떨어지는 일

국어

軟 弱

軟 연할 연

연약 : 무르고 약함

사회

弱 小

小 작을 소

약소 : 약하고 작음

미술

上 半 身

上 윗 상
身 몸 신

상반신 : 사람의 몸에서 허리 위의 부분

사회

半 島

島 섬 도

반도 : 삼면이 바다로 둘러싸이고 한 면은 육지에 이어진 땅

수학

折 半

折 꺾을 절

절반 : 하나를 반으로 가름

쓰는 순서에 맞게 예쁘게 따라 쓰세요.

총 10획 弱 弱 弱 弱 弱 弱 弱 弱 弱 弱

弱	弱	弱				
약할 약						

총 5획 半 半 半 半 半

半	半	半				
반 반						

다음 한자에 해당하는 음(소리)을 찾아 ○표 하세요.

弱   약 │ 반

半   약 │ 반

다음 밑줄 친 글자의 한자를 쓰세요.

01 기존 제품의 <u>약</u>점을 보안해서 신제품을 출시했습니다. → ☐

02 인어의 상<u>반</u>신은 사람의 모습을 하고 있습니다. → ☐

03 경희는 겉모습은 연<u>약</u>해 보여도 강한 사람입니다. → ☐

04 강원도 영월에는 한<u>반</u>도 모양의 섬이 있습니다. → ☐

科 題 書 讀 反 童 弱 半 作

이 그림은 유명 작(作)가의 작(作)품입니다.

作
지을 작

부수	人(사람 인)
획수	총 7획
中	作(zuò) 쭈어

人 + 乍 회의

'지을 작'은 사람이 옷깃에 바느질 하는 것을 그린 모양으로 만들다라는 의미를 가지고 있어요.

작심삼일 作 心 三 日
지을 작   마음 심   석 삼   날 일

＊마음 먹은 일이 삼일을 못 간다는 의미로 결심이 얼마 되지 않아 흐지부지 되는 것

교과서 속 숨은 한자

국어
作 成   成 이룰 성

작성 : 서류나 계획을 만듦

체육
作 戰   戰 싸움 전

작전 : 어떤 일을 이루기 위해 필요한 조치나 방법을 강구함

도덕
作 業   業 업 업

작업 : 일을 함

쓰는 순서에 맞게 예쁘게 따라 쓰세요.

총 7획 作 作 作 作 作 作 作

作	作	作			
지을 작					

 다음 한자의 훈(뜻)과 음(소리)을 쓰세요.

 作 훈 _____ 음 _____

 다음 한자에 해당하는 그림과 훈(뜻)음(소리)을 찾아 연결하세요.

作

돌이킬 반

지을 작

 다음 밑줄 친 한자어의 음(소리)을 쓰세요.

01 영희는 과학보고서를 꼼꼼히 作成하였습니다. →

02 이번 경기에서 활용한 새로운 作戰이 성공하였습니다. →

03 엄마 아빠와 함께 기름 제거 作業에 참여하였습니다. →

科 題 書 讀 反 童 弱 牛 作

1 다음 한자들의 짝을 찾아 빈칸에 한자와 훈(뜻)음(소리)을 쓰세요.

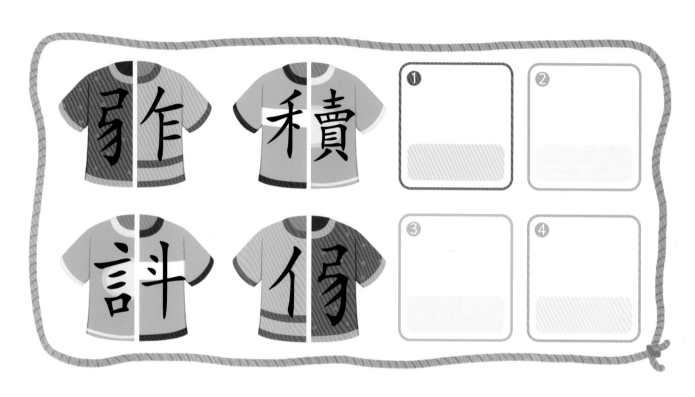

2 다음 한자 어원과 관련 있는 글자를 찾아 연결하고 훈(뜻)과 음(소리)을 쓰세요.

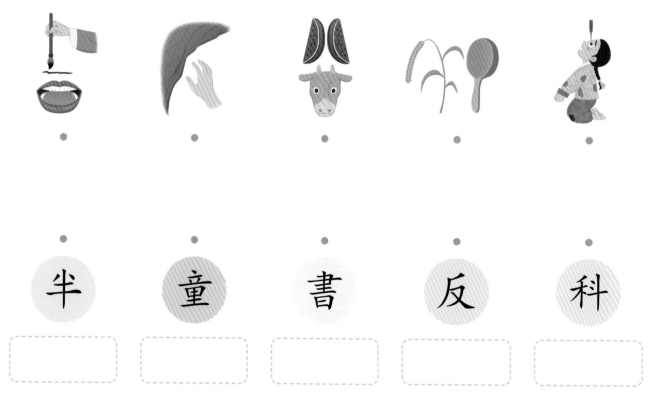

3 김삿갓이 과거를 보러 갑니다. '과목 – 독서 – 문제 – 낙서' 순으로 따라가 보세요.

4 다음 한자어의 의미와 관련 있는 한자를 찾아 같은 색으로 칠하세요.

- 무르고 약함
- 규정이나 규칙을 어기는 것
- 하나를 반으로 가름
- 서류나 계획을 만듦
- 어린 아이의 마음

1 다음 밑줄 친 한자어의 음(소리)을 쓰세요.

01 우리 언니의 취미는 **讀書**입니다.

☐

02 아침 일찍 공부를 **始作**하였습니다.

☐

03 제 친구는 **心弱**해서 무서운 영화를 못 봅니다. ☐

2 다음 한자의 훈(뜻)과 음(소리)을 쓰세요.

01 **半** 훈_____ 음_____

02 **題** 훈_____ 음_____

03 **童** 훈_____ 음_____

04 **科** 훈_____ 음_____

3 다음 중 상대(반대)되는 한자끼리 연결되지 않은 것을 고르세요. ☐

❶ **强**강할 강[6급] ⟷ **弱**

❷ **正**바를 정[준 7급] ⟷ **反**

❸ **問**물을 문[7급] ⟷ **題**

4 다음 문장을 읽고 빈칸에 들어갈 알맞은 한자를 보기에서 찾아 번호를 쓰세요.

보기 ❶ **反** ❷ **書** ❸ **作** ❹ **科**

01 우리 할아버지는 ☐당의 훈장이셨습니다.

02 희철이는 찬성도 ☐대도 하지 않은 채 어정쩡히 대답했습니다.

5 다음 뜻에 맞는 한자어를 보기에서 골라 번호를 쓰세요.

보기 ❶ **弱點** ❷ **反則**
❸ **作戰** ❹ **科目**

01 규정이나 규칙을 어기는 것 ☐

02 모자라서 남에게 뒤떨어지는 일 ☐

6 다음 한자의 진하게 표시한 획은 몇 번째 쓰는지 보기에서 찾아 그 번호를 쓰세요.

보기 ❶ 첫 번째 ❷ 두 번째
❸ 세 번째 ❹ 네 번째
❺ 다섯 번째 ❻ 여섯 번째
❼ 일곱 번째 ❽ 여덟 번째
❾ 아홉 번째 ❿ 열 번째

01 **弱**☐ 02 **反**☐ 03 **科**☐

한자교육진흥회 기출·예상문제

1 ▨ 안의 한자의 음(소리)으로 알맞은 것을 찾아 번호를 쓰세요.

01 **反** ☐
❶ 과 ❷ 정 ❸ 동 ❹ 반

02 **書** ☐
❶ 서 ❷ 제 ❸ 사 ❹ 작

03 **弱** ☐
❶ 궁 ❷ 약 ❸ 독 ❹ 강

2 보기의 단어들과 가장 관련이 깊은 한자를 고르세요.

보기 장난감 놀이동산 초등학교

01 ❶反 ❷題 ❸童 ❹作 ☐

보기 치킨 한국지도 여섯 달

02 ❶科 ❷書 ❸半 ❹弱 ☐

3 ▨ 안의 한자어의 독음(소리)으로 알맞은 것을 고르세요.

01 본 지 오래돼서 영화 **題目** 을 잊었습니다. ☐
❶ 과제 ❷ 제목 ❸ 이목 ❹ 명작

02 **反省** 문을 쓰면서 내 잘못을 스스로 깨달았습니다. ☐
❶ 일기 ❷ 반대 ❸ 낙서 ❹ 반성

4 ▨ 안의 뜻을 가진 한자를 보기에서 찾아 쓰세요.

보기 讀 反 弱 作 科

01 내가 좋아하는 **과목** 은 미술과 체육입니다. ☐

02 산간 지방에서는 밭농사를 많이 **짓습니다** . ☐

03 민철이는 어려운 한문 책을 쭉쭉 **읽어** 내려갔습니다. ☐

5 보기의 뜻을 참고하여 ◯ 안에 공통으로 들어갈 한자를 쓰세요.

보기 ❶◯成 : 서류나 계획을 만듦
❷◯業 : 일을올 함

01 ☐

보기 ❶老◯者 : 늙거나 약한 사람
❷軟◯ : 무르고 약함

02 ☐

科題書讀反童弱半作

진흥회 속 교과서 한자

加熱 가열
加 더할 가　熱 더울 열
열을 가함, 열이 더 세게 나도록 함

恭遜 공손
恭 공손할 공　遜 겸손할 손
예의 바르고 겸손함

角 각
角 뿔 각
수학에서 한 점에서 뻗어 나간 두 직선이 만나 이루는 모퉁이

共通 공통
共 함께 공　通 통할 통
여럿 사이에 두루 쓰이거나 관계됨

距離 거리
距 떨어질 거　離 떠날 리
서로 떨어져 있는 두 곳 사이의 길이

觀察 관찰
觀 볼 관　察 살필 찰
어떤 것의 있는 그대로의 모습이나 일어나는 일을 주의깊게 살펴 봄

儉素 검소
儉 검소할 검　素 흴 소
겉치레를 하지 않고 수수함

區間 구간
區 구역 구　間 사이 간
어떤 지점과 다른 지점과의 사이

結果 결과
結 맺을 결　果 실과 과
어떤 까닭으로 말미암아 이루어지는 결말 또는 그 결말의 상태

器具 기구
器 그릇 기　具 도구 구
세간, 그릇, 연장 따위를 통틀어 이르는 말

計算 계산
計 셀 계　算 셈 산
수량을 셈, 식을 통해 수치를 구하여 내는 말

朗誦 낭송
朗 밝을 랑　誦 외울 송
소리 내어 읽음

苦悶 고민
苦 괴로울 고　悶 답답할 민
괴로워하고 속을 태움

對話 대화
對 대할 대　話 말씀 화
서로 마주 대하여 이야기함 또는 그 이야기

圖形 도형	**圖** 그림 도 **形** 모양 형 그림의 모양, 점, 선, 면 따위가 모여서 이루어진 꼴
方法 방법	**方** 모 방 **法** 법 법 어떤 목적을 달성하기 위하여 취하는 수단
無關心 무관심	**無** 없을 무 **關** 관계할 관 **心** 마음 심 관심이 없음
配列 배열	**配** 짝 배 **列** 벌일 렬 일정한 차례나 간격으로 쭉 벌여 놓음
問題 문제	**問** 물을 문 **題** 제목 제 해답을 필요로 하는 물음
邊 변	**邊** 가 변 가장자리, 다각형을 이루는 하나하나의 직선
物體 물체	**物** 물건 물 **體** 몸 체 구체적인 형태를 가지고 있는 어떤 것
分類 분류	**分** 나눌 분 **類** 무리 류 전체를 몇 가지로 구분지어 놓음
半 반	**半** 반 반 둘로 똑같이 나눈 것 가운데 한 부분
分離 분리	**分** 나눌 분 **離** 떠날 리 따로 나뉘어 떨어짐, 또는 그렇게 되게 함
反省 반성	**反** 돌이킬 반 **省** 살필 성 자기의 말과 행동이 옳고 그름을 따지기 위해 스스로 돌이켜 살핌
分數 분수	**分** 나눌 분 **數** 셈 수 어떤 수를 다른 수로 나누는 형태로 나타낸 것
發明 발명	**發** 필 발 **明** 밝을 명 새로 생각해 내거나 만들어 냄
賞品 상품	**賞** 상줄 상 **品** 물건 품 상으로 주는 물건

진흥회 속 교과서 한자

垂直
수직
垂 드리울 수　直 곧을 직
똑바로 드리운 모양, 수평에 대하여 직각을 이룬 상태

暗誦
암송
暗 어두울 암　誦 외울 송
적은 것을 보지 않고 입으로 외움

順序
순서
順 순할 순　序 차례 서
정하여져 있는 차례

役割
역할
役 부릴 역　割 벨 할
나누어 맡은 구실

時間
시간
時 때 시　間 사이 간
어떤 시각에서 다른 시각까지의 차이

溫度
온도
溫 따뜻할 온　度 법도 도
덥고 찬 정도

式
식
式 법 식
수를 법칙으로 만들어 내는 것

友愛
우애
友 벗 우　愛 사랑 애
형제간이나 친구 사이의 정과 사랑

實踐
실천
實 열매 실　踐 밟을 천
실제로 행동함

利用
이용
利 이로울 리　用 쓸 용
물건을 이롭게 쓰거나 쓸모 있게 씀

實驗
실험
實 열매 실　驗 시험 험
실제로 경험하거나 시험함

理由
이유
理 다스릴 리　由 말미암을 유
까닭

安全
안전
安 편안 안　全 온전 전
위험하지 않거나 위험이 없는 상태

理解
이해
理 다스릴 리　解 풀 해
말이나 글의 의미를 깨우쳐 앎

一周 일주	一 한 일 周 두루 주
	한 바퀴를 돎 또는 한 바퀴

點 점	點 점 점
	두드러지게 가리키는 어느 부분이나 요소

種類 종류	種 씨 종 類 무리 류
	어떤 기준에 따라 나눈 갈래

周邊 주변	周 두루 주 邊 가 변
	둘레의 언저리

差 차	差 다를 차
	서로 다른 정도, (수학) 큰 수에서 작은 수를 뺀 나머지

差異 차이	差 다를 사 異 다를 이
	서로 다름

着陸 착륙	着 붙을 착 陸 뭍 륙
	뭍에 다다름

最善 최선	最 가장 최 善 착할 선
	가장 좋거나 훌륭함

特徵 특징	特 특별할 특 徵 부를 징
	특별하게 눈에 띄는 점

評價 평가	評 평할 평 價 값 가
	사람이나 어떤 것의 가치를 판단함

平素 평소	平 평평할 평 素 흴 소
	보통 때

表 표	表 겉 표
	중요한 사항을 일정한 순서에 따라 보기 쉽게 나타낸 것

標語 표어	標 표할 표 語 말씀 어
	어떤 의견이나 주장을 알리기 위하여 주요 내용을 간결하게 표현한 짧은 구절

表現 표현	表 겉 표 現 나타날 현
	드러내어 나타냄

진흥회 속 교과서 한자

合 합	**合** 합할 **합**
	여럿을 한데 모은 수

混合物 혼합물	**混** 섞을 **혼** **合** 합할 **합** **物** 물건 **물**
	여러 가지가 뒤섞여서 된 물건

和睦 화목	**和** 화할 **화** **睦** 화목할 **목**
	뜻이 맞고 정다움

化學 화학	**化** 될 **화** **學** 배울 **학**
	물질이 만들어지고 변하는 것에 대한 연구를 하는 것

活用 활용	**活** 살 **활** **用** 쓸 **용**
	그것이 지닌 능력이나 기능을 잘 살려 씀

孝道 효도	**孝** 효도 **효** **道** 길 **도**
	부모님을 잘 섬김

정답

연습문제와 모의고사 정답이 모두 들어있어요.
문제를 잘 풀었는지 확인해보아요.

1단계

연습문제　　　　　　　　　　　　　　　p.18

1

2
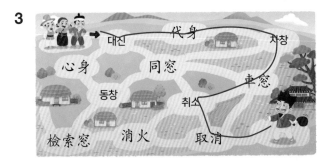

3

4

연재	강낭	표면	女人
英才	講堂	表現	社會
人才	書堂	表面	社長

기출·예상문제　　　　　　　　　　　　p.20

한국어문회

1 01. 식당　　02. 차창　　03. 현금

2 01. 모일 사　02. 재주 재　03. 겉 표　　04. 몸 신

3 ③

4 01. ②　　　02. ③

5 01. ①　　　02. ③

6 01. ③　　　02. ⑥　　　03. ③

한자교육진흥회

1 01. ③　　　02. ④　　　03. ④

2 01. ④　　　02. ①

3 01. ③　　　02. ②

4 01. 堂　　　02. 才　　　03. 現

5 01. 窓　　　02. 消

2단계

연습문제　　　　　　　　　　　　　　　p.32

1

2
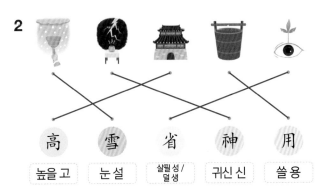

3

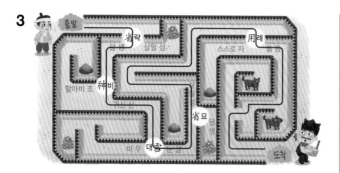

4

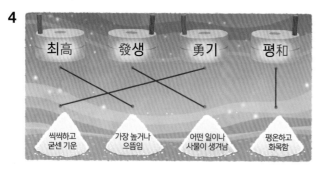

기출·예상문제 p.34

한국어문회

1 01. 평화   02. 용기   03. 발표

2 01. 눈 설   02. 귀신 신   03. 높을 고   04. 쓸 용

3 ①

4 01. ①   02. ④

5 01. ③   02. ④

6 01. ⑤   02. ⑦   03. ⑤

한자교육진흥회

1 01. ①   02. ④   03. ②

2 01. ②   02. ④

3 01. ④   02. ③

4 01. 省   02. 發   03. 用

5 01. 神   02. 省

3단계

연습문제 p.46

1

2

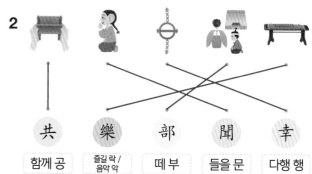

3

4

기출 · 예상문제 p.48

한국어문회

1 01. 공생　02. 대계　03. 내부

2 01. 짧을 단　02. 들을 문

　03. 다행 행　04. 즐길 락 / 음악 악

3 ①

4 01. ③　02. ②

5 01. ④　02. ①

6 01. ⑧　02. ⑤　03. ⑥

한자교육진흥회

1 01. ①　02. ②　03. ③

2 01. ③　02. ①

3 01. ①　02. ②

4 01. 部　02. 聞　03. 業

5 01. 共　02. 部

4단계

연습문제 p.60

1

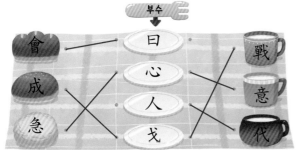

2
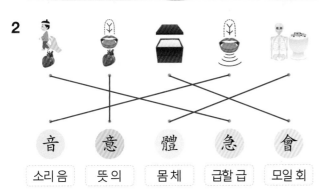

3

① 意味　② 完成　③ 時急　④ 發音

4
모임을 이루는 사람들 — 회원

여러 개의 면으로 둘러싸인 부분 — 입체

나라와 나라 사이의 싸움 — 전쟁

역사적으로 어떤 기준에 의하여 구분한 일정한 기간 — 시대

表	苦	聲	會	成
成	長	戰	員	功
急	流	時	代	戰
音	立	贊	成	爭
社	體	溫	世	代

기출 · 예상문제 p.62

한국어문회

1 01. 민의　02. 회식　03. 차체

2 01. 급할 급　02. 소리 음

　03. 싸움 전　04. 대신할 대

3 ②

4 01. ④　02. ①

5 01. ③　02. ①

6 01. ⑤　02. ⑤　03. ④

한자교육진흥회

1 01. ②　02. ③　03. ②

2 01. ①　02. ④

3 01. ②　02. ③

4 01. 代　02. 成　03. 意

5 01. 代　02. 體

정답

5단계

연습문제 p.74

1
 리 청 풍 주 작 반

2

風 | 清 | 藥 | 線 | 利
바람 풍 | 맑을 청 | 약 약 | 줄 선 | 이로울 리

3
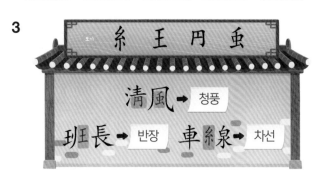

4

① 勝利 ② 昨今 ③ 注入 ④ 藥局

기출 · 예상문제 p.76

한국어문회

1 01. 이용   02. 풍물   03. 농약

2 01. 맑을 청   02. 나눌 반
　 03. 줄 선   04. 어제 작

3 ③

4 01. ①   02. ④

5 01. ②   02. ④

6 01. ⑨   02. ②   03. ③

한자교육진흥회

1 01. ②   02. ④   03. ①

2 01. ④   02. ②

3 01. ④   02. ③

4 01. 注   02. 班   03. 淸

5 01. 利   02. 淸

6단계

연습문제 p.88

1
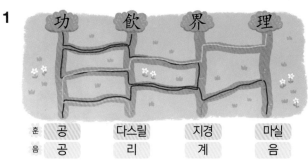

훈	공	다스릴	지경	마실
음	공	리	계	음

2
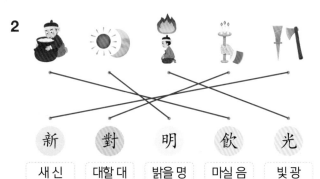

新 | 對 | 明 | 飮 | 光
새 신 | 대할 대 | 밝을 명 | 마실 음 | 빛 광

3

답 경계

답 설명

4

기출 · 예상문제
p.90

한국어문회

1 01. 신작　　02. 심리　　03. 성공

2 01. 대할 대　02. 밝을 명
　　03. 마실 음　04. 지경 계

3 ②

4 01. ①　　　02. ②

5 01. ④　　　02. ②

6 01. ⑨　　　02. ⑧　　　03. ⑥

한자교육진흥회

1 01. ①　　　02. ②　　　03. ③

2 01. ②　　　02. ①

3 01. ④　　　02. ①

4 01. 對　　　02. 光　　　03. 功

5 01. 新　　　02. 界

7단계

연습문제
p.104

1

2

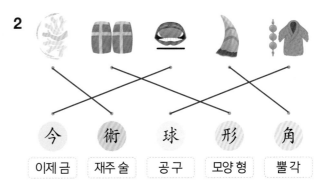

이제 금　재주 술　공 구　모양 형　뿔 각

3

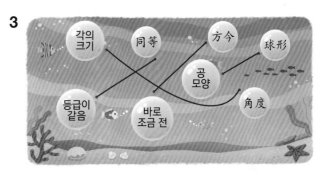

4

기출 · 예상문제
p.106

한국어문회

1 01. 지구　　02. 산술　　03. 답신

2 01. 믿을 신　02. 놓을 방
　　03. 뜰 정　　04. 공 구

3 ③

4 01. ②　　　02. ③

5 01. ①　　　02. ②

6 01. ④　　　02. ⑦　　　03. ④

한자교육진흥회

1 01. ④　　　02. ①　　　03. ①

정답

2 01. ④　　02. ②

3 01. ②　　02. ②

4 01. 今　　02. 放　　03. 形

5 01. 庭　　02. 形

8단계

연습문제　　　　　　　　　　　　p.120

1

2
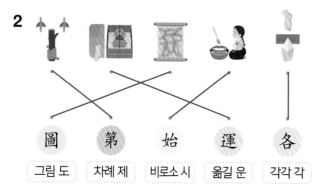

3
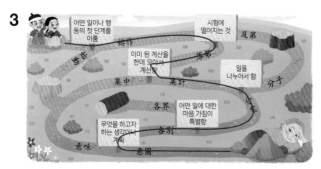

4
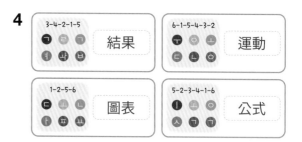

기출 · 예상문제　　　　　　　　　p.122

한국어문회

1 01. 백과　　02. 시동　　03. 집중

2 01. 옮길 운　　02. 각각 각

　　03. 차례 제　　04. 공평할 공

3 ①

4 01. ①　　02. ③

5 01. ②　　02. ③

6 01. ③　　02. ⑦　　03. ③

한자교육진흥회

1 01. ①　　02. ②　　03. ④

2 01. ③　　02. ②

3 01. ①　　02. ④

4 01. 分　　02. 集　　03. 始

5 01. 果　　02. 各

9단계

연습문제　　　　　　　　　　　　p.136

1

① 弱 약할 약　　② 科 과목 과　　③ 讀 읽을 독　　④ 作 지을 작

2

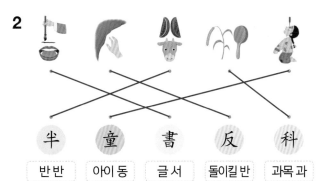

半	童	書	反	科
반 반	아이 동	글 서	돌이킬 반	과목 과

3

4

기출 · 예상문제   p.138

한국어문회

1   01. 독서   02. 시작   03. 심약

2   01. 반 반   02. 제목 제

     03. 아이 동   04. 과목 과

3   ③

4   01. ②   02. ①

5   01. ②   02. ①

6   01. ④   02. ②   03. ⑧

한자교육진흥회

1   01. ④   02. ①   03. ②

2   01. ③   02. ③

3   01. ②   02. ④

4   01. 科   02. 作   03. 讀

5   01. 作   02. 弱

한국어문회 6급Ⅱ 모의고사 제1회 정답

1	방출	11	차선	21	반면	31	사회	41	주인 주	51	부을 주	61	약 약	71	靑年
2	대용	12	시간	22	심산	32	세계	42	실과 과	52	뜰 정	62	②	72	軍人
3	신문	13	한강	23	대계	33	나눌 반	43	믿을 신	53	각각 각	63	④	73	王室
4	동의	14	공유	24	전기	34	글 서	44	효도 효	54	수풀 림	64	③	74	火山
5	공장	15	평화	25	학술	35	집 당	45	들을 문	55	봄 춘	65	①	75	母女
6	대립	16	생업	26	일등	36	필 발	46	어제 작	56	사라질 소	66	③	76	萬一
7	임업	17	초목	27	도표	37	마실 음	47	짧을 단	57	맑을 청	67	⑤	77	校門
8	오전	18	매사	28	출구	38	마을 리	48	바다 해	58	겨울 동	68	九月	78	⑦
9	편안	19	분명	29	지하	39	바를 정	49	눈 설	59	움직일 동	69	大學	79	④
10	고수	20	소중	30	체육	40	지아비 부	50	비로소 시	60	올 래	70	六日	80	⑥

한국어문회 6급Ⅱ 모의고사 제2회 정답

1	농업	11	추석	21	답신	31	회식	41	귀신 신	51	할아비 조	61	셈 산	71	敎室
2	동화	12	표기	22	합계	32	방전	42	공 구	52	새 신	62	③	72	土木
3	국악	13	음식	23	대등	33	약할 약	43	저녁 석	53	어제 작	63	②	73	東西
4	학창	14	정답	24	현금	34	과목 과	44	평평할 평	54	풀 초	64	③	74	十萬
5	주민	15	가정	25	동물	35	밝을 명	45	사람 인	55	급할 급	65	④	75	北韓
6	각자	16	행운	26	소문	36	골 동	46	기 기	56	쉴 휴	66	②	76	四寸
7	공공	17	명분	27	출발	37	이로울 리	47	임금 왕	57	뿔 각	67	⑥	77	七月
8	성립	18	의도	28	시작	38	심을 식	48	모을 집	58	있을 유	68	水門	78	⑩
9	과연	19	장면	29	오색	39	몸 신	49	발 족	59	여름 하	69	生日	79	⑤
10	주의	20	반성	30	주력	40	일백 백	50	곧을 직	60	차례 제	70	白軍	80	④

한국어문회 6급Ⅱ 모의고사 제3회 정답

1	분수	11	전력	21	심약	31	백지	41	아이 동	51	모일 회	61	소리 음	71	父母
2	활력	12	부족	22	이용	32	기운	42	살필 성/덜 생	52	나타날 현	62	④	72	五十
3	내지	13	공간	23	백과	33	지경 계	43	저자 시	53	화할 화	63	③	73	三寸
4	도술	14	성과	24	입동	34	공공	44	모일 사	54	다행 행	64	②	74	水軍
5	춘추	15	명작	25	화제	35	농사 농	45	편안 안	55	수레 거	65	①	75	女王
6	석식	16	민의	26	전부	36	그림 도	46	날랠 용	56	꽃 화	66	④	76	兄弟
7	반신	17	연소	27	신작	37	대할 대	47	앞 전	57	높을 고	67	②	77	室外
8	신화	18	소풍	28	천재	38	낯 면	48	살 주	58	모양 형	68	大門	78	④
9	방금	19	집중	29	독서	39	수풀 림	49	창 창	59	몸 체	69	南北	79	⑧
10	입구	20	발표	30	매시	40	즐길 락/노래 악	50	날 출	60	오를 등	70	萬年	80	③

한자교육진흥회 6급 모의고사 제1회 정답

1	②	11	②	21	①	31	아비 부	41	南	51	金	61	동향	71	出
2	①	12	③	22	③	32	설립	42	七	52	十	62	내심	72	中
3	③	13	②	23	②	33	아홉 구	43	中	53	天	63	사방	73	女
4	④	14	④	24	③	34	작을 소	44	年	54	北	64	천문	74	自立
5	③	15	①	25	④	35	내 천	45	工	55	江	65	공부	75	西山
6	④	16	③	26	④	36	달 월	46	手	56	六	66	하수	76	우애
7	②	17	①	27	①	37	안내	47	木	57	子	67	칠석	77	무관심
8	③	18	②	28	②	38	바를 정	48	人	58	力	68	백토	78	상품
9	②	19	③	29	②	39	다섯 오	49	白	59	八	69	명문	79	화목
10	①	20	④	30	③	40	물 수	50	外	60	土	70	삼천	80	변

한자교육진흥회 6급 모의고사 제2회 정답

1	④	11	④	21	④	31	일백 백	41	石	51	出	61	오월	71	年
2	③	12	②	22	①	32	일천 천	42	目	52	火	62	소년	72	力
3	②	13	③	23	②	33	여섯 륙	43	立	53	小	63	정립	73	口
4	③	14	③	24	③	34	마음 심	44	九	54	入	64	명문	74	父母
5	①	15	①	25	④	35	서녘 서	45	同	55	中	65	팔백	75	少女
6	②	16	②	26	②	36	힘 력	46	夫	56	十	66	내향	76	배열
7	③	17	③	27	③	37	이름 명	47	足	57	七	67	천하	77	역할
8	④	18	③	28	②	38	손 수	48	山	58	女	68	삼촌	78	물체
9	①	19	①	29	①	39	날 일	49	金	59	工	69	자제	79	표
10	③	20	④	30	④	40	문 문	50	上	60	四	70	부형	80	최선

한자교육진흥회 6급 모의고사 제3회 정답

1	②	11	①	21	②	31	아들 자	41	兄	51	力	61	연소	71	生
2	③	12	②	22	①	32	바깥 외	42	五	52	土	62	명목	72	自
3	①	13	④	23	①	33	푸를 청	43	名	53	六	63	주력	73	向
4	③	14	②	24	④	34	넉 사	44	下	54	寸	64	목공	74	工夫
5	④	15	③	25	④	35	날 생	45	工	55	三	65	백석	75	正月
6	①	16	②	26	①	36	북녘 북	46	江	56	母	66	동생	76	화학
7	③	17	①	27	③	37	날 일	47	八	57	夫	67	중립	77	관찰
8	②	18	④	28	②	38	모 방	48	向	58	文	68	소심	78	공손
9	④	19	④	29	②	39	불 화	49	正	59	人	69	남산	79	분리
10	③	20	③	30	④	40	열 십	50	王	60	門	70	여왕	80	혼합물

★ 저자소개

허은지

명지대학교 중어중문학과 박사 수료
상상한자중국어연구소 대표
명지대 미래교육원 중국어 과정 지도교수
마포고, 세화고, 화곡중 출강
<하오빵어린이중국어 발음편> 시사중국어사, 공저
<쑥쑥 급수한자 8급·7급·6급 상하·준5급 상하> 제이플러스, 공저

박진미

성균관대학교 중어중문학과 졸업
성균관대학교 교육대학원 중국어교육 석사
상상한자중국어연구소 대표 강사
성균관쑥쑥한자교습소 원장
학동초 방과후학교 한자 강사
<8822 HSK 어휘 갑을병정 전3권> 다락원, 공동편역
<꼬치꼬치 HSK 듣기/어법> YBM시사, 공저
<쑥쑥 급수한자 8급·7급·6급 상하·준5급 상하> 제이플러스, 공저

윤혜정

선문대학교 한중통번역대학원 석사 수료
상상한자중국어연구소 대표 강사
와우윤샘한자중국어공부방 운영
다솔초, 갈천초 방과후학교 한자 강사
<쑥쑥 급수한자 8급·7급·6급 상하·준5급 상하> 제이플러스, 공저

2쇄 발행	2024년 11월 5일
저자	허은지·박진미·윤혜정
발행인	이기선
발행처	제이플러스
삽화	김효지
등록번호	제10-1680호
등록일자	1998년 12월 9일
주소	경기도 고양시 덕양구 향동로 217
구입문의	02-332-8320
팩스	02-332-8321
홈페이지	www.jplus114.com
ISBN	979-11-5601-194-1(63720)

한자 능력 검정시험 모의고사

* 한국어문회형 3회, 한자교육진흥회형 3회 총 6회의 모의고사 문제입니다.
정답지는 표시선을 따라 잘라서 준비해 주세요.

▶ 정답 p.154~p.157

6級 Ⅱ

80문항 / 50분 시험

*성명과 수험번호를 쓰고 문제지와 답안지는 함께 제출하세요.

성명 (   )   수험번호 □□□ - □□ - □□□□

[問 1-32] 다음 밑줄 친 漢字語의 讀音을 쓰세요.

| 보기 | 漢字 → 한자 |

[1] 운동을 많이 하면 열이 몸 밖으로 放出됩니다.

[2] 중국인들은 아침 식사 代用으로 두유를 먹습니다.

[3] 新聞에 우리 학교에 관한 기사가 실렸습니다.

[4] 재연이는 나의 의견에 同意했습니다.

[5] 工場 굴뚝에서 시커먼 연기가 솟아오릅니다.

[6] 이번 사건으로 두 나라의 對立이 갈수록 심해지고 있습니다.

[7] 동부 지역은 삼림이 풍부하여 林業이 발달하였습니다.

[8] 오늘 午前 내내 기다렸지만 친구는 약속장소에 나오지 않았습니다.

[9] 욕심을 버리니 마음이 便安해졌습니다.

[10] 내 동생은 바둑의 高手입니다.

[11] 직원들이 새 도로 위에 車線 긋는 작업을 하고 있습니다.

[12] 태연이는 수업 時間 동안 계속 졸았습니다.

[13] 이번 주말에 漢江에서 유람선을 타기로 했습니다.

[14] 합격의 기쁨을 가족과 共有하고 싶습니다.

[15] 하얀 눈이 덮인 마을은 몹시 平和스러워 보였습니다.

[16] 취미로 하던 꽃꽂이가 이제는 生業이 되었습니다.

[17] 봄이 오자 온갖 草木에 싹이 트기 시작했습니다.

[18] 그는 每事에 철저한 사람이라 실수가 없습니다.

[19] 불만이 있으면 머뭇거리지 말고 分明히 밝히는 것이 좋습니다.

[20] 이 자전거는 낡았지만 나에게는 매우 所重한 것입니다.

[21] 형은 농구는 잘하는 反面에 축구는 잘 못합니다.

[22] 그는 갈 데까지 가보자는 心算으로 산길을 걷고 또 걸었습니다.

[23] 국가의 백년大計와 전체의 이익을 생각하여 결정해야 합니다.

[24] 여름철에는 電氣 사용량이 매우 많습니다.

[25] 대강당에서 學術 발표회가 열렸습니다.

[26] 체육대회에서 우리 반이 一等을 했습니다.

[27] 자세한 내용은 <u>圖表</u>를 통해 확인할 수 있습니다.

[28] 사람들은 비상 <u>出口</u>를 찾지 못해 헤맸습니다.

[29] 차를 <u>地下</u> 주차장에 세워두었습니다.

[30] <u>體育</u> 시간이 되자 아이들은 운동장으로 뛰어나갔습니다.

[31] 학교를 졸업하고 <u>社會</u>에 나가면 수많은 새로운 경험을 하게 됩니다.

[32] 우리 공장에서 만든 제품은 전 <u>世界</u>로 수출되고 있습니다.

[問 33-61] 다음 漢字의 訓(훈:뜻)과 音(음:소리)을 쓰세요.

> **보기** 字 → 글자 자

[33] 班

[34] 書

[35] 堂

[36] 發

[37] 飮

[38] 里

[39] 正

[40] 夫

[41] 主

[42] 果

[43] 信

[44] 孝

[45] 聞

[46] 昨

[47] 短

[48] 海

[49] 雪

[50] 始

[51] 注

[52] 庭

[53] 各

[54] 林

[55] 春

[56] 消

[57] 淸

[58] 冬

[59] 動

[60] 來

[61] 藥

[問 62-63] 다음 중 뜻이 서로 반대(또는 상대)되는 漢字끼리 연결되지 <u>않은</u> 것을 찾아 그 번호를 쓰세요.

[62] ① 內 ↔ 外 ② 反 ↔ 省
   ③ 東 ↔ 西 ④ 問 ↔ 答

[63] ① 物 ↔ 心 ② 手 ↔ 足
   ③ 先 ↔ 後 ④ 光 ↔ 明

[問 64-65] 다음 문장에 어울리는 漢字語가 되도록 ( ) 안에 알맞은 漢字를 〈보기〉에서 찾아 그 번호를 쓰세요.

보기
---
① 幸 ② 利 ③ 所 ④ 形
---

[64] 친구와 통화하여 만날 場( )를 정했습니다.

[65] ( )運을 상징하는 네 잎 클로버를 발견했습니다.

[問 66-67] 다음 뜻에 맞는 漢字語를 〈보기〉에서 찾아 그 번호를 쓰세요.

보기
---
① 道術 ② 市立 ③ 天才
④ 重力 ⑤ 空白 ⑥ 時間
---

[66] 선천적으로 타고난 재능을 가진 사람

[67] 종이나 책 따위에서 글씨나 그림이 없는 빈 곳

[問 68-77] 다음 밑줄 친 漢字語를 漢字로 쓰세요.

[68] 우리 학교는 구월 첫째 주 월요일에 개학합니다.

[69] 둘째 형이 대학에 입학했습니다.

[70] 우리는 출발하고 나서 육일 만에 부산에 도착했습니다.

[71] 그 청년은 동네 어른들을 만나면 인사를 잘합니다.

[72] 군인들이 발을 착착 맞추며 행진합니다.

[73] 봉황무늬는 예로부터 왕실의 상징으로 사용했습니다.

[74] 화산 폭발로 주변 지역이 화산재로 뒤덮였습니다.

[75] 우리 두 모녀는 사소한 말다툼 한번 한 적이 없습니다.

[76] 만일의 상황에 대비하여 철저한 소독을 실시했습니다.

[77] 우리 집에서 학교 교문까지는 걸어서 5분 정도 걸립니다.

[問 78-80] 다음 漢字의 진하게 표시한 획은 몇 번째 쓰는지 〈보기〉에서 찾아 그 번호를 쓰세요.

보기
---
① 첫 번째 ② 두 번째
③ 세 번째 ④ 네 번째
⑤ 다섯 번째 ⑥ 여섯 번째
⑦ 일곱 번째 ⑧ 여덟 번째
⑨ 아홉 번째 ⑩ 열 번째
---

[78]
[79]
[80]

♣ 수고하셨습니다.

6級 Ⅱ

80문항 / 50분 시험

*성명과 수험번호를 쓰고 문제지와 답안지는 함께 제출하세요.

성명 (   )   수험번호 ☐☐☐ - ☐☐ - ☐☐☐☐

[問 1-32] 다음 밑줄 친 漢字語의 讀音을 쓰세요.

보기	漢字 → 한자

[1] 農業기술의 발달로 수확량이 배로 늘었습니다.

[2] 童話책을 빌리기 위해 도서관에 왔습니다.

[3] 지난 주말에 國樂 뮤지컬을 관람했습니다.

[4] 지나간 學窓 시절이 지금도 생생하게 기억납니다.

[5] 아파트 住民들이 모여 회의를 열었습니다.

[6] 우리는 各自 출발하여 서울역에서 모이기로 했습니다.

[7] 집 근처에 公共시설이 생겨서 생활이 편리해졌습니다.

[8] 이 책은 현대 소설의 成立 과정을 다루었습니다.

[9] 내가 果然 옳은 일을 했는지에 대해 생각해 보았습니다.

[10] 음식을 만들 때 위생에 注意해야 합니다.

[11] 이번 秋夕에는 할머니를 뵙지 못했습니다.

[12] 영어 문장은 첫 글자를 대문자로 表記합니다.

[13] 飮食이 상당히 많이 남았습니다.

[14] 正答을 많이 맞히는 학생에게 상품을 드립니다.

[15] 家庭에서도 생활 폐수가 많이 배출됩니다.

[16] 어머니가 주신 목걸이는 내게 늘 幸運을 가져다줍니다.

[17] 이번 결정은 名分과 실제 이익을 모두 생각해야 합니다.

[18] 그것을 질문하는 意圖가 무엇인지 궁금합니다.

[19] 주인공이 죽는 場面에서 많은 관객들이 울었습니다.

[20] 아이는 反省하지 않고 변명만 늘어놓았습니다.

[21] 부모님이 보내신 편지를 읽고 바로 答信을 했습니다.

[22] 이번 달에 저축한 돈의 合計가 얼마나 되는지 계산해보았습니다.

[23] 두 팀의 실력이 對等해서 승부를 예측하기 어렵습니다.

[24] 요즘 사람들은 現金을 많이 가지고 다니지 않습니다.

[25] 전 세계적으로 動物 보호를 위한 운동이 전개되고 있습니다.

[26] 나쁜 所聞일수록 더 빨리 퍼져나갑니다.

[27] 기차가 出發하려면 아직 한 시간이 남았습니다.

[28] 선희는 조깅으로 하루를 始作합니다.

[29] 많은 사람들이 五色 단풍을 보기 위해 설악산을 찾았습니다.

[30] 경찰은 증거를 찾는 데 注力하고 있습니다.

[31] 우리는 우승 기념으로 저녁에 會食을 하기로 했습니다.

[32] 휴대폰이 放電되어 급속 충전 중입니다.

[問 33-61] 다음 漢字의 訓(훈:뜻)과 音(음:소리)을 쓰세요.

보기	字 → 글자 자

[33] 弱

[34] 科

[35] 明

[36] 洞

[37] 利

[38] 植

[39] 身

[40] 百

[41] 神

[42] 球

[43] 夕

[44] 平

[45] 人

[46] 旗

[47] 王

[48] 集

[49] 足

[50] 直

[51] 祖

[52] 新

[53] 昨

[54] 草

[55] 急

[56] 休

[57] 角

[58] 有

[59] 夏

[60] 第

[61] 算

[問 62-63] 다음 중 뜻이 서로 반대(또는 상대)되는 漢字끼리 연결되지 않은 것을 찾아 그 번호를 쓰세요.

[62] ① 長 ↔ 短　② 南 ↔ 北　③ 洞 ↔ 邑　④ 父 ↔ 母

[63] ① 兄 ↔ 弟　② 午 ↔ 千　③ 王 ↔ 民　④ 昨 ↔ 今

[問 64-65] 다음 문장에 어울리는 漢字語가 되도록 ( ) 안에 알맞은 漢字를 〈보기〉에서 찾아 그 번호를 쓰세요.

```
─────── 보기 ───────
① 界  ② 敎  ③ 代  ④ 登
```

[64] 이 물건은 특히 젊은 世( )에게 인기가 많습니다.

[65] 오늘부터 하복을 입고 ( )校합니다.

[問 66-67] 다음 뜻에 맞는 漢字語를 〈보기〉에서 찾아 그 번호를 쓰세요.

```
─────── 보기 ───────
① 文明   ② 形便   ③ 集中
④ 消火   ⑤ 淸風   ⑥ 道理
```

[66] 일이 되어 가는 상태나 경로 또는 결과

[67] 사람이 어떤 입장에서 마땅히 행하여야 할 바른길

[問 68-77] 다음 밑줄 친 漢字語를 漢字로 쓰세요.

[68] 댐의 수문을 열자 많은 양의 물이 콸콸 쏟아졌습니다.

[69] 생일에 친구들을 집으로 초대했습니다.

[70] 백군의 응원단은 목이 터져라 응원을 하기 시작했습니다.

[71] 교실 청소를 하기 위하여 책상을 벽 쪽으로 몰아 놓았습니다.

[72] 섬과 육지를 연결하는 다리를 만들기 위해 토목공사가 진행 중입니다.

[73] 한강은 서울을 관통하여 동서로 흐릅니다.

[74] 십만 명이 넘는 관람객이 이번 전시회를 찾았습니다.

[75] 이번 탁구대회에서 남한과 북한의 선수단이 함께 입장했습니다.

[76] 사촌 형이 멀리 이사 가서 자주 만나지 못합니다.

[77] 칠월 마지막 주에 여름방학을 합니다.

[問 78-80] 다음 漢字의 진하게 표시한 획은 몇 번째 쓰는지 〈보기〉에서 찾아 그 번호를 쓰세요.

```
─────── 보기 ───────
① 첫 번째      ② 두 번째
③ 세 번째      ④ 네 번째
⑤ 다섯 번째    ⑥ 여섯 번째
⑦ 일곱 번째    ⑧ 여덟 번째
⑨ 아홉 번째    ⑩ 열 번째
```

[78] 庭

[79] 歌

[80] 線

♣ 수고하셨습니다.

제3회

6級 Ⅱ

80문항 / 50분 시험

*성명과 수험번호를 쓰고 문제지와 답안지는 함께 제출하세요.

성명 (   )   수험번호 □□□ - □□ - □□□□

[問 1-32] 다음 밑줄 친 漢字語의 讀音을 쓰세요.

보기	漢字 → 한자

[1] 쉬운 分數 계산 문제를 많이 틀렸습니다.

[2] 휴가 때마다 가는 여행은 생활에 活力를 불어넣습니다.

[3] 외가는 경상북도 內地에 위치해 있습니다.

[4] 그 만화에는 신기한 道術을 부리는 주인공이 나옵니다.

[5] 할아버지께 春秋가 어떻게 되시는지 여쭈었습니다.

[6] 우리는 夕食을 마치고 자전거를 탔습니다.

[7] 상半身을 기웃하며 교실 안을 들여다보고 있습니다.

[8] 神話는 고대인들의 사고방식을 반영하고 있습니다.

[9] 그는 方今 잠에서 깨어났습니다.

[10] 지하철역 入口가 사람들로 북적입니다.

[11] 요즘 전자 제품에는 소비 電力이 표시되어 있습니다.

[12] 잠이 不足하면 집중력이 떨어질 수 있습니다.

[13] 탁구는 계절과 관계없이 실내 空間에서 할 수 있습니다.

[14] 노력에 비해 큰 成果를 거두지 못했습니다.

[15] 이 소설은 몇 번을 읽어도 싫증이 나지 않는 名作입니다.

[16] 국회 의원은 民意를 대변해야 합니다.

[17] 이 영화는 年少자도 관람이 가능합니다.

[18] 消風 온 학생들이 삼삼오오 모여앉아 도시락을 먹습니다.

[19] 학생들은 선생님의 말씀에 集中했습니다.

[20] 수상자를 發表하려고 하자 심장이 뛰기 시작했습니다.

[21] 이 드라마는 心弱한 사람이 보기에 적합하지 않습니다.

[22] 아이들에게 도서관 利用 방법을 가르쳐주었습니다.

[23] 민서는 아는 것이 많아 百科사전이라는 별명을 얻었습니다.

[24] 立冬이 지나자 날씨가 점점 추워졌습니다.

[25] 분위기를 바꾸려고 話題를 돌렸습니다.

[26] 오전 열 시까지 全部 모이기로 했습니다.

[27] 내가 좋아하는 감독의 新作 영화가 이번 주 일요일에 개봉합니다.

[28] 이번 회의에는 각 분야의 <u>天才</u>들이 모였습니다.

[29] <u>讀書</u> 습관은 어려서부터 길러야 합니다.

[30] 기차는 <u>每時</u> 정각에 출발합니다.

[31] 할아버지는 <u>白紙</u>에 내 한자 이름을 써 주셨습니다.

[32] 감기 <u>氣運</u>이 있어서 쉬고 있습니다.

[問 33-61] 다음 漢字의 訓(훈:뜻)과 音(음:소리)을 쓰세요.

보기	字 → 글자 자

[33] 界

[34] 功

[35] 農

[36] 圖

[37] 對

[38] 面

[39] 林

[40] 樂

[41] 童

[42] 省

[43] 市

[44] 社

[45] 安

[46] 勇

[47] 前

[48] 住

[49] 窓

[50] 出

[51] 會

[52] 現

[53] 和

[54] 幸

[55] 車

[56] 花

[57] 高

[58] 形

[59] 體

[60] 登

[61] 音

[問 62-63] 다음 중 뜻이 서로 반대(또는 상대)되는 漢字끼리 연결되지 <u>않은</u> 것을 찾아 그 번호를 쓰세요.

[62] ① 心 ↔ 身   ② 和 ↔ 戰
　　③ 敎 ↔ 學   ④ 事 ↔ 業

[63] ① 高 ↔ 下   ② 老 ↔ 少
　　③ 天 ↔ 雪   ④ 正 ↔ 反

[問 64-65] 다음 문장에 어울리는 漢字語가 되도록 ( ) 안에 알맞은 漢字를 〈보기〉에서 찾아 그 번호를 쓰세요.

보기
① 等 ② 體 ③ 省 ④ 注

[64] 강한 의지로 身( )의 장애를 극복했습니다.

[65] 平( )한 기회를 달라고 요구했습니다.

[問 66-67] 다음 뜻에 맞는 漢字語를 〈보기〉에서 찾아 그 번호를 쓰세요.

보기
① 先祖 ② 村家 ③ 植物
④ 放水 ⑤ 自然 ⑥ 始作

[66] 물길을 찾거나 터서 물을 흘려보냄

[67] 시골 마을에 있는 집

[問 68-77] 다음 밑줄 친 漢字語를 漢字로 쓰세요.

[68] 대문이 굳게 잠겨 있습니다.

[69] 산맥이 남북으로 길게 뻗어 있습니다.

[70] 우리 팀은 만년 꼴찌에서 벗어났습니다.

[71] 부모님을 마중하러 정류장에 나갔습니다.

[72] 저 아저씨는 오십 세쯤 되어 보입니다.

[73] 삼촌 가게에서 일하며 용돈을 벌고 있습니다.

[74] 우리 수군은 억센 파도에 조금도 굽히지 않았습니다.

[75] 여왕은 빛나는 황금 왕관을 쓰고 있었습니다.

[76] 형제들의 생김새가 매우 비슷합니다.

[77] 미세먼지가 심해서 실외활동을 하지 못했습니다.

[問 78-80] 다음 漢字의 진하게 표시한 획은 몇 번째 쓰는지 〈보기〉에서 찾아 그 번호를 쓰세요.

보기
① 첫 번째 ② 두 번째
③ 세 번째 ④ 네 번째
⑤ 다섯 번째 ⑥ 여섯 번째
⑦ 일곱 번째 ⑧ 여덟 번째
⑨ 아홉 번째 ⑩ 열 번째

[78] 雪

[79] 時

[80] 每

♣ 수고하셨습니다.

80문항 / 60분 시험

한자교육진흥회 [6급] 모의고사 제1회 문제지

객관식 (1~30번)

※ [　] 안의 한자의 음(소리)으로 알맞은 것은?

1. [力]　① 구　② 력　③ 칠　④ 도
2. [母]　① 모　② 매　③ 부　④ 녀
3. [四]　① 서　② 삼　③ 사　④ 오
4. [火]　① 수　② 팔　③ 육　④ 화
5. [足]　① 발　② 구　③ 족　④ 수

※ [　] 안의 한자와 음이 같은 한자는?

6. [同]　① 向　② 出　③ 五　④ 東
7. [文]　① 夫　② 門　③ 石　④ 心
8. [南]　① 外　② 正　③ 男　④ 方

※ [　] 안의 한자와 뜻이 반대되거나 상대되는 한자는?

9. [下]　① 三　② 上　③ 主　④ 千
10. [弟]　① 兄　② 人　③ 百　④ 女

※ 〈보기〉의 단어들과 가장 관련이 깊은 한자는?

11. | 보기 | 낮　그림자　양산 |

　　① 川　② 日　③ 心　④ 內

12. | 보기 | 안과　쌍꺼풀　시력 |

　　① 王　② 文　③ 目　④ 手

13. | 보기 | 식물　젊은이　산 |

　　① 子　② 靑　③ 寸　④ 自

※ [　] 안의 설명에 맞는 한자어를 완성할 때, ○에 들어갈 한자는?

14. ○文 : [뛰어나게 잘 지은 글]

　　① 夕　② 向　③ 方　④ 名

15. ○年 : [아직 완전히 성숙하지 아니한 어린 사내아이]

　　① 少　② 入　③ 生　④ 工

※ [　] 안의 한자어의 독음(소리)으로 알맞은 것은?

16. 과학 실험 [結果]를 학습장에 기록했다.
　　① 질문　② 성과　③ 결과　④ 경기

17. 책 내용에 [理解]가 안되는 부분이 많다.
　　① 이해　② 활용　③ 도리　④ 배려

18. 아버지는 [平素]에 커피를 즐겨 마신다.
　　① 평일　② 평소　③ 평균　④ 평면

19. 오늘 친구들의 [共通] 화제는 올림픽이다.
　　① 공용　② 공간　③ 공통　④ 공유

20. 서점은 집에서 차로 십 분 [距離]에 있다.
　　① 주위　② 이유　③ 근처　④ 거리

※ [　] 안의 한자어의 뜻으로 알맞은 것은?

21. [種類]
　　① 사물의 부문을 나누는 갈래.
　　② 구체적인 형태를 가지고 있는 것.
　　③ 사물의 가치나 수준 따위를 평함.
　　④ 서로 나뉘어 떨어지거나 떨어지게 함.

22. [苦悶]
　　① 관심이나 흥미가 없음.
　　② 서로 같지 아니하고 다름.
　　③ 마음속으로 괴로워하고 애를 태움.
　　④ 살림살이가 넉넉하지 못하고 어려움.

23. [混合物]
　　① 그림의 모양이나 형태
　　② 여러 가지가 뒤섞여서 이루어진 물건.
　　③ 구체적인 형태를 가지고 존재하는 물건.
　　④ 물질의 구조, 성질 등을 연구하는 분야.

24. [觀察]

① 충분히 잘 이용함.

② 일정한 차례나 간격에 따라 벌여놓음.

③ 사물이나 현상을 주의하여 자세히 살펴봄.

④ 어떤 결론이나 결과에 이른 까닭이나 근거.

25. [恭遜]

① 생각한 바를 실제로 행함.

② 부모를 정성껏 잘 섬기는 일.

③ 마주 대하여 이야기를 주고받음.

④ 말이나 행동이 겸손하고 예의 바름.

※ [ ] 안에 들어갈 한자어로 알맞은 것은?

26. 첫 공연은 성공적이라는 [ ]을/를 받았다.

① 安全　② 發明　③ 標語　④ 評價

27. 부모님께 [ ]해야 하는데 마음먹은 대로 잘되지 않는다.

① 孝道　② 配列　③ 賞品　④ 特徵

28. 이번이 마지막 기회라고 생각하고 [ ]을/를 다했다.

① 區間　② 最善　③ 順序　④ 圖形

29. 이 식당은 [ ] 조미료를 전혀 사용하지 않는다고 한다.

① 分數　② 化學　③ 計算　④ 役割

30. 할머니는 세탁기의 사용 [ ]을/를 몰라 나에게 물어보셨다.

① 利用　② 加熱　③ 方法　④ 對話

주관식 (31~80번)

※ 한자의 훈(뜻)과 음(소리)을 한글로 쓰세요.

31. 父　(　　　　　　)

32. 立　(　　　　　　)

33. 九　(　　　　　　)

34. 小　(　　　　　　)

35. 川　(　　　　　　)

36. 月　(　　　　　　)

37. 內　(　　　　　　)

38. 正　(　　　　　　)

39. 五　(　　　　　　)

40. 水　(　　　　　　)

※ [ ] 안의 뜻을 가진 한자를 〈보기〉에서 찾아 쓰시오.

보기	中 外 人 年 工 手 南 白 七 木

41. 낮에는 [남쪽]으로 난 창문으로 햇빛이 들어와 따뜻하다. (　　　　)

42. 교실에 [일곱]명의 학생이 남아 있다. (　　　　)

43. 바다 한 [가운데] 작은 배가 떠 있다. (　　　　)

44. 우리 가족은 [해]마다 강원도로 여행 간다. (　　　　)

45. 그는 오십 년간 도자기를 구워 온 [장인]이다. (　　　　)

46. 날아오는 공을 한 [손]으로 받았다. (　　　　)

47. 우리 마당에는 대추 [나무] 세 그루가 있다. (　　　　)

48. 불이 나자 [사람]들이 비상구 쪽으로 뛰어갔다. (　　　　)

49. [흰]구름 사이로 햇빛이 비친다. (　　　　)

50. 창문을 열고 [바깥] 바람을 들이마셨다. (　　　　)

계속 ->

※ 훈(뜻)과 음(소리)에 맞는 한자를 〈보기〉에서 찾아 쓰시오.

보기	六 天 土 子 十 金 江 北 力 八

51. 쇠 금　（　　　　　　）
52. 열 십　（　　　　　　）
53. 하늘 천　（　　　　　　）
54. 북녘 북　（　　　　　　）
55. 강 강　（　　　　　　）
56. 여섯 륙　（　　　　　　）
57. 아들 자　（　　　　　　）
58. 힘 력　（　　　　　　）
59. 여덟 팔　（　　　　　　）
60. 흙 토　（　　　　　　）

※ 한자어의 독음(소리)을 한글로 쓰시오.

61. 東向　（　　　　　　）
62. 內心　（　　　　　　）
63. 四方　（　　　　　　）
64. 天文　（　　　　　　）
65. 工夫　（　　　　　　）
66. 下手　（　　　　　　）
67. 七夕　（　　　　　　）
68. 白土　（　　　　　　）
69. 名門　（　　　　　　）
70. 三千　（　　　　　　）

※ 〈보기〉의 뜻을 참고하여 ○ 안에 공통으로 들어갈 한자를 쓰시오.

71. (1) 日○　(2) ○土　（　　　　　　）

보기	(1) 해가 뜸. (2) 땅속에 묻혀 있던 물건이 밖으로 나옴.

72. (1) ○心　(2) 手○　（　　　　　　）

보기	(1) 사물의 한 가운데. (2) 손의 안.

73. (1) 母○　(2) ○人　（　　　　　　）

보기	(1) 어머니와 딸. (2) 여성으로 태어난 사람.

※ [　] 안의 단어를 한자로 쓰시오.

74. 준서는 [자립]심 없이 부모에게 의지하려고만 한다.　（　　　　　　）
75. 해가 [서산]을 넘어갈 즈음 목적지에 도착했다.　（　　　　　　）

※ [　] 안의 한자어 독음(소리)을 한글로 쓰시오.

76. 형제간에 [友愛]가 매우 좋다.　（　　　　　　）
77. 그 일은 사람들의 [無關心] 속에 점점 잊혀져 갔다.　（　　　　　　）
78. 전시장에 다양한 [賞品] 들이 진열되어 있다.　（　　　　　　）
79. 그는 주변 이웃들과도 [和睦]하게 지낸다.　（　　　　　　）
80. 버드나무들이 강[邊]에 줄지어 서 있다.　（　　　　　　）

♣ 수고하셨습니다.

80문항 / 60분 시험

한자교육진흥회 [6급] 모의고사 제2회 문제지

객관식 (1~30번)

※ [ ] 안의 한자의 음(소리)으로 알맞은 것은?

1. [向] ① 사 ② 문 ③ 면 ④ 향
2. [寸] ① 하 ② 천 ③ 촌 ④ 십
3. [主] ① 삼 ② 주 ③ 왕 ④ 생
4. [正] ① 좌 ② 거 ③ 정 ④ 족
5. [江] ① 강 ② 공 ③ 수 ④ 하

※ [ ] 안의 한자와 음이 같은 한자는?

6. [自] ① 入 ② 子 ③ 立 ④ 東
7. [夕] ① 名 ② 門 ③ 石 ④ 三
8. [天] ① 金 ② 少 ③ 靑 ④ 川

※ [ ] 안의 한자와 뜻이 반대되거나 상대되는 한자는?

9. [外] ① 內 ② 足 ③ 中 ④ 手
10. [北] ① 兄 ② 下 ③ 南 ④ 出

※ 〈보기〉의 단어들과 가장 관련이 깊은 한자는?

11. 보기 할아버지 형 삼촌
① 年 ② 工 ③ 夕 ④ 男

12. 보기 밭 운동장 지렁이
① 千 ② 土 ③ 五 ④ 弟

13. 보기 책 소설 신문
① 夫 ② 靑 ③ 文 ④ 月

※ [ ] 안의 설명에 맞는 한자어를 완성할 때, ○에 들어갈 한자는?

14. 四○ : [동서남북의 네 방위를 통틀어 이르는 말]
① 水 ② 心 ③ 方 ④ 子

15. ○日 : [세상에 태어난 날]
① 生 ② 手 ③ 九 ④ 火

※ [ ] 안의 한자어의 독음(소리)으로 알맞은 것은?

16. 분모가 다른 [分數]의 계산법을 배웠다.
① 분류 ② 분수 ③ 주의 ④ 정수

17. 폭포가 [垂直]으로 떨어져 내린다.
① 수평 ② 직진 ③ 수직 ④ 직선

18. 새로운 기계의 [發明]으로 생산량이 크게 증가하였다.
① 발견 ② 고통 ③ 발명 ④ 활용

19. 나는 [時間]이 있을 때마다 친구네 집에 간다.
① 시간 ② 사항 ③ 질문 ④ 고민

20. 선생님이 학생들에게 [孝道]의 중요성을 설명하고 있다.
① 감사 ② 공손 ③ 물체 ④ 효도

※ [ ] 안의 한자어의 뜻으로 알맞은 것은?

21. [特徵]
① 도리에 맞는 뜻.
② 성질이나 종류에 갈라놓음.
③ 마음에 새겨 두고 조심하는 것.
④ 다른 것에 비하여 특별히 눈에 뜨이는 점.

22. [賞品]
① 상으로 주는 물품.
② 식물에서 나온 씨 또는 씨앗.
③ 사물의 겉으로 드러난 쪽의 평평한 바닥.
④ 계약한 곳에 주문받은 물품을 가져다줌.

23. [儉素]

    ① 사물을 보거나 생각하는 처지.

    ② 사치하지 않고 꾸밈없이 수수함.

    ③ 사물의 가치나 수준 따위를 평함.

    ④ 경기, 경주 따위에서 이겨 첫째를 차지함.

24. [暗誦]

    ① 어떤 원인으로 결말이 생김.

    ② 지나간 일을 돌이켜 생각함.

    ③ 글을 보지 아니하고 입으로 욈.

    ④ 잘못을 뉘우치도록 나무라며 경계함.

25. [着陸]

    ① 본디부터 가지고 있는 성질.

    ② 공중으로 날아가거나 날아다님.

    ③ 강의 가장자리에 잇닿아 있는 땅.

    ④ 비행기 따위가 공중에서 활주로나 판판
    한 곳에 내림.

※ [   ] 안에 들어갈 한자어로 알맞은 것은?

26. 친구의 모습이 예전과 [   ]이/가 많이 나서
    못 알아봤다.

    ① 計算   ② 差異   ③ 器具   ④ 友愛

27. 학생들은 [   ]을/를 마치고 조건에 따른
    식물의 변화를 표에 기록했다.

    ① 距離   ② 標語   ③ 實驗   ④ 恭遜

28. 버려진 폐유리를 [   ]하여 만든 작품전시
    회에 다녀왔다.

    ① 安全   ② 活用   ③ 理由   ④ 問題

29. 이 책은 어려운 주세를 쉽고 새미있게 [   ]
    했다.

    ① 表現   ② 一周   ③ 化學   ④ 加熱

30. 은행에서 사람들이 대기표를 들고 [   ]
    을/를 기다리고 있다.

    ① 圖形   ② 共通   ③ 平素   ④ 順序

주관식 (31~80번)

※ 한자의 훈(뜻)과 음(소리)을 한글로 쓰세요.

31. 百 (   )

32. 千 (   )

33. 六 (   )

34. 心 (   )

35. 西 (   )

36. 力 (   )

37. 名 (   )

38. 手 (   )

39. 日 (   )

40. 門 (   )

※ [   ] 안의 뜻을 가진 한자를 〈보기〉에서 찾
아 쓰시오.

보기	立 上 目 同 九 山 石 夫 足 金

41. [돌]에 이마를 부딪쳐 혹이 났다.

    (   )

42. 맑은 물로 [눈]에 들어간 먼지를 씻어냈다.

    (   )

43. 사람들이 버스정류장에 줄을 [서] 있다.

    (   )

44. 시계를 보니 벌써 [아홉] 시가 넘었다.

    (   )

45. 우리는 [같은] 초등학교를 졸업했다.

    (   )

46. 한 [사나이]가 무거운 짐을 들고 걸어간다.

    (   )

47. 아이들이 포근한 잔디 위에서 맨 [발]로
    뛰어논다. (   )

계속 ->

48. [산] 정상에 올랐더니 구름이 발아래로 펼쳐졌다. ( )

49. [쇠]를 자석에 갖다 대니 척 달라붙었다. ( )

50. 기름이 물 [위]에 둥둥 떠 있다. ( )

※ 훈(뜻)과 음(소리)에 맞는 한자를 〈보기〉에서 찾아 쓰시오.

보기	四 七 出 入 十 火 女 小 工 中

51. 날 출 ( )
52. 불 화 ( )
53. 작을 소 ( )
54. 들 입 ( )
55. 가운데 중 ( )
56. 열 십 ( )
57. 일곱 칠 ( )
58. 여자 녀 ( )
59. 장인 공 ( )
60. 넉 사 ( )

※ 한자어의 독음(소리)을 한글로 쓰시오.

61. 五月 ( )
62. 少年 ( )
63. 正立 ( )
64. 名文 ( )
65. 八百 ( )
66. 內向 ( )
67. 天下 ( )
68. 三寸 ( )
69. 子弟 ( )
70. 父兄 ( )

※ 〈보기〉의 뜻을 참고하여 ○ 안에 공통으로 들어갈 한자를 쓰시오.

71. (1) 靑○ (2) ○上 ( )

보기	(1) 청춘기에 있는 젊은 사람. (2) 자기보다 나이가 많음.

72. (1) 自○ (2) 水○ ( )

보기	(1) 자기 혼자의 힘. (2) 흐르거나 떨어지는 물의 힘.

73. (1) 人○ (2) 出○ ( )

보기	(1) 일정한 지역에 사는 사람의 수. (2) 밖으로 나갈 수 있는 통로.

※ [ ] 안의 단어를 한자로 쓰시오.

74. [부모]님을 모시고 제주도로 여행을 다녀왔다. ( )

75. [소녀]는 창문에 턱을 괴고 아래쪽을 바라봤다. ( )

※ [ ] 안의 한자어 독음(소리)을 한글로 쓰시오.

76. 상품을 보기 좋게 [配列]했다. ( )

77. 형은 이번 연극에서 소방관 [役割]을 맡았다. ( )

78. 검은 [物體]를 향해 손전등을 비춰보았다. ( )

79. 자세한 내용은 [表]를 보면서 설명했다. ( )

80. 감기에 걸리면 잘 먹고 푹 쉬는 것이 [最善]이다. ( )

♣ 수고하셨습니다.

80문항 / 60분 시험

한자교육진흥회 [6급] 모의고사 제3회 문제지

객관식 (1~30번)

※ [ ] 안의 한자의 음(소리)으로 알맞은 것은?

1. [夕] ① 명 ② 석 ③ 월 ④ 일
2. [弟] ① 생 ② 실 ③ 제 ④ 동
3. [內] ① 내 ② 향 ③ 입 ④ 문
4. [七] ① 십 ② 사 ③ 칠 ④ 오
5. [川] ① 주 ② 청 ③ 강 ④ 천

※ [ ] 안의 한자와 음이 같은 한자는?

6. [九] ① 口 ② 手 ③ 下 ④ 北
7. [水] ① 金 ② 千 ③ 手 ④ 木
8. [夫] ① 天 ② 父 ③ 大 ④ 方

※ [ ] 안의 한자와 뜻이 반대되거나 상대되는 한자는?

9. [東] ① 人 ② 南 ③ 兄 ④ 西
10. [入] ① 文 ② 下 ③ 出 ④ 土

※ 〈보기〉의 단어들과 가장 관련이 깊은 한자는?

11. | 보기 | 양말 축구 구두 |

　　① 足 ② 王 ③ 小 ④ 男

12. | 보기 | 나이테 단풍 가지 |

　　① 火 ② 木 ③ 工 ④ 子

13. | 보기 | 어머니 언니 이모 |

　　① 山 ② 上 ③ 立 ④ 女

※ [ ] 안의 설명에 맞는 한자어를 완성할 때, ○에 들어갈 한자는?

14. 天○ : [우주에서 일어나는 온갖 현상]
　　① 向 ② 文 ③ 生 ④ 靑

15. ○日 : [아이가 태어난 지 백 번째가 되는 날.]
　　① 白 ② 名 ③ 百 ④ 同

※ [ ] 안의 한자어의 독음(소리)으로 알맞은 것은?

16. 여름에는 음식을 [加熱]해서 먹는 것이 좋다.
　　① 관찰 ② 가열 ③ 활용 ④ 평가

17. 지하철의 일부 [區間]이 공사중이다.
　　① 구간 ② 역할 ③ 방법 ④ 발명

18. 어머니는 주말마다 봉사활동을 다니시며 이웃 사랑을 [實踐]하신다.
　　① 반성 ② 이해 ③ 분류 ④ 실천

19. 적당한 실내 [溫度]는 공부할 때 집중력을 높여 준다.
　　① 대화 ② 분수 ③ 기구 ④ 온도

20. 우리는 모닥불 [周邊]에 모여 앉았다.
　　① 거리 ② 종류 ③ 주변 ④ 물체

※ [ ] 안의 한자어의 뜻으로 알맞은 것은?

21. [利用]
　　① 사리를 분별하여 해석함.
　　② 대상을 필요에 따라 이롭게 씀.
　　③ 어떠한 일을 일어나게 하는 까닭이나 근거.
　　④ 목적을 달성하기 위해 취하는 방식이나 수단.

22. [評價]
　　① 물건값을 헤아려 매김. 또는 그 값.
　　② 일정한 차례나 간격에 따라 벌여 놓음.
　　③ 자기가 마땅히 하여야 할 직책이나 임무.
　　④ 사물이나 현상을 주의하여 자세히 살펴봄.

23. [圖形]

① 그림의 모양이나 형태.

② 구체적인 형태를 가지고 있는 것.

③ 다른 것에 비하여 특별히 눈에 뜨이는 점.

④ 사상이나 감정을 말이나 행동으로 나타냄.

24. [理解]

① 지나간 일을 돌이켜 생각함.

② 마음속으로 괴로워하고 애를 태움.

③ 형제간 또는 친구 간의 사랑이나 정분.

④ 사물의 본질과 내용을 분별하거나 해석함.

25. [對話]

① 서로 뜻이 맞고 정다움.

② 생각한 바를 실제로 행함.

③ 가장 좋고 훌륭함. 또는 그런 일.

④ 마주 대하여 이야기를 주고받음.

※ [   ] 안에 들어갈 한자어로 알맞은 것은?

26. 여드름이 난 얼굴 때문에 [   ]이다.

① 苦悶   ② 標語   ③ 孝道   ④ 賞品

27. 어려운 수학 [   ]를 풀고 나니 마음이 뿌 듯했다.

① 共通   ② 化學   ③ 問題   ④ 差異

28. 경주는 여러 [   ]의 문화재가 풍부한 관 광 도시이다.

① 儉素   ② 種類   ③ 順序   ④ 分數

29. 측우기는 비가 내린 양을 재는 [   ]이다.

① 安全   ② 器具   ③ 垂直   ④ 配列

30. 그는 자신이 저지른 잘못을 진심으로 [   ] 하고 있다.

① 和睦   ② 物體   ③ 最善   ④ 反省

주관식 (31~80번)

※ 한자의 훈(뜻)과 음(소리)을 한글로 쓰세요.

31. 子 (   )

32. 外 (   )

33. 靑 (   )

34. 四 (   )

35. 生 (   )

36. 北 (   )

37. 日 (   )

38. 方 (   )

39. 火 (   )

40. 十 (   )

※ [   ] 안의 뜻을 가진 한자를 〈보기〉에서 찾 아 쓰시오.

보기	工 八 王 名 正 江 兄 向 五 下

41. 우리 [형]은 모르는 게 없는 만물박사이다.
(   )

42. 탁자 위에 장미 [다섯]송이가 놓여 있다.
(   )

43. 길가에 [이름] 모를 꽃들이 피어 있다.
(   )

44. 농부가 뜨거운 햇볕 [아래]에서 땀을 흘리 며 일한다.
(   )

45. 이 전통한복에는 [장인]의 정성이 배어 있 다.
(   )

46. 바다로 갔던 연어가 다시 [강]으로 돌아왔다.
(   )

47. 암호는 [여덟] 자리의 숫자로 되어있다.
(   )

48. 아이는 신호등을 건너 엄마를 [향해] 달려 갔다.
(   )

계속 ->

49. 이웃 할아버지께 예의 [바르게] 허리를 굽혀 인사했다. (   )

50. [임금]은 백성들을 잘 돌본 관리에게 특별한 상을 내렸다. (   )

※ 훈(뜻)과 음(소리)에 맞는 한자를 〈보기〉에서 찾아 쓰시오.

보기	三 力 文 寸 母 門 人 六 夫 土

51. 힘 력 (   )

52. 흙 토 (   )

53. 여섯 륙 (   )

54. 마디 촌 (   )

55. 석 삼 (   )

56. 어미 모 (   )

57. 지아비 부 (   )

58. 글월 문 (   )

59. 사람 인 (   )

60. 문 문 (   )

※ 한자어의 독음(소리)을 한글로 쓰시오.

61. 年少 (   )

62. 名目 (   )

63. 主力 (   )

64. 木工 (   )

65. 白石 (   )

66. 同生 (   )

67. 中立 (   )

68. 小心 (   )

69. 南山 (   )

70. 女王 (   )

※ 〈보기〉의 뜻을 참고하여 ○ 안에 공통으로 들어갈 한자를 쓰시오.

71. (1) ○母   (2) ○水   (   )

보기	(1) 자기를 낳은 어머니. (2) 샘구멍에서 솟아 나오는 맑은 물.

72. (1) ○足   (2) ○立   (   )

보기	(1) 스스로 넉넉함을 느낌. (2) 자기 자신의 힘으로 살아감.

73. (1) 上○   (2) 西○   (   )

보기	(1) 위쪽을 향함. 또는 그쪽. (2) 서쪽으로 향함. 또는 그 방향.

※ [ ] 안의 단어를 한자로 쓰시오.

74. 누나는 밤늦게까지 독서실에서 [공부]한다. (   )

75. [정월] 대보름에는 오곡밥과 아홉 가지 나물을 먹는다. (   )

※ [ ] 안의 한자어 독음(소리)을 한글로 쓰시오.

76. 요즘은 [化學] 성분이 들어있지 않은 천연 비누가 인기다. (   )

77. 밤하늘의 별을 망원경으로 [觀察]했다. (   )

78. 가게 주인이 손님들에게 매우 [恭遜]하게 대했다. (   )

79. 재활용품은 일반 쓰레기와 [分離]하여 수거한다. (   )

80. 물과 식용유의 [混合物]을 분리하는 실험을 했다. (   )

♣ 수고하셨습니다.

※답안지는 컴퓨터로 처리되므로 구기거나 더럽히지 마시고, 정답 칸 안에만 쓰십시오.　　　※ 유성 싸인펜, 붉은색 필기구 사용 불가.
　글씨가 채점란으로 들어오면 오답처리가 됩니다.

한국어문회 6급 II 모의고사 제1회 답안지 (1)

번호	정답	번호	정답	번호	정답
1		14		27	
2		15		28	
3		16		29	
4		17		30	
5		18		31	
6		19		32	
7		20		33	
8		21		34	
9		22		35	
10		23		36	
11		24		37	
12		25		38	
13		26		39	

※답안지는 컴퓨터로 처리되므로 구기거나 더럽히지 마시고, 정답 칸 안에만 쓰십시오.　　　※ 유성 싸인펜, 붉은색 필기구 사용 불가.

※ 본 답안지는 컴퓨터로 처리되므로 구겨지거나 더럽혀지지 않도록 조심하시고 글씨를 칸 안에 또박또박 쓰십시오.

한국어문회 6급 II 모의고사 제1회 답안지 (2)

번호	정답	번호	정답	번호	정답
40		54		68	
41		55		69	
42		56		70	
43		57		71	
44		58		72	
45		59		73	
46		60		74	
47		61		75	
48		62		76	
49		63		77	
50		64		78	
51		65		79	
52		66		80	
53		67			

※답안지는 컴퓨터로 처리되므로 구기거나 더럽히지 마시고, 정답 칸 안에만 쓰십시오.　　　※ 유성 싸인펜, 붉은색 필기구 사용 불가.
　글씨가 채점란으로 들어오면 오답처리가 됩니다.

한국어문회 6급 II 모의고사 제2회 답안지 (1)

번호	정답	번호	정답	번호	정답
1		14		27	
2		15		28	
3		16		29	
4		17		30	
5		18		31	
6		19		32	
7		20		33	
8		21		34	
9		22		35	
10		23		36	
11		24		37	
12		25		38	
13		26		39	

※답안지는 컴퓨터로 처리되므로 구기거나 더럽히지 마시고, 정답 칸 안에만 쓰십시오.　　　※ 유성 싸인펜, 붉은색 필기구 사용 불가.

※ 본 답안지는 컴퓨터로 처리되므로 구겨지거나 더럽혀지지 않도록 조심하시고 글씨를 칸 안에 또박또박 쓰십시오.

한국어문회 6급 II 모의고사 제2회 답안지 (2)

번호	정답	번호	정답	번호	정답
40		54		68	
41		55		69	
42		56		70	
43		57		71	
44		58		72	
45		59		73	
46		60		74	
47		61		75	
48		62		76	
49		63		77	
50		64		78	
51		65		79	
52		66		80	
53		67			

※ 본 답안지는 컴퓨터로 처리되므로 구겨지거나 더럽혀지지 않도록 조심하시고 글씨를 칸 안에 또박또박 쓰십시오.

※답안지는 컴퓨터로 처리되므로 구기거나 더럽히지 마시고, 정답 칸 안에만 쓰십시오.　　※ 유성 싸인펜, 붉은색 필기구 사용 불가.
　　글씨가 채점란으로 들어오면 오답처리가 됩니다.

한국어문회 6급 II 모의고사 제3회 답안지 (1)

번호	정답	번호	정답	번호	정답
1		14		27	
2		15		28	
3		16		29	
4		17		30	
5		18		31	
6		19		32	
7		20		33	
8		21		34	
9		22		35	
10		23		36	
11		24		37	
12		25		38	
13		26		39	

※답안지는 컴퓨터로 처리되므로 구기거나 더럽히지 마시고, 정답 칸 안에만 쓰십시오.　　※ 유성 싸인펜, 붉은색 필기구 사용 불가.

※ 본 답안지는 컴퓨터로 처리되므로 구겨지거나 더럽혀지지 않도록 조심하시고 글씨를 칸 안에 또박또박 쓰십시오.

한국어문회 6급 II 모의고사 제3회 답안지 (2)

번호	정답	번호	정답	번호	정답
40		54		68	
41		55		69	
42		56		70	
43		57		71	
44		58		72	
45		59		73	
46		60		74	
47		61		75	
48		62		76	
49		63		77	
50		64		78	
51		65		79	
52		66		80	
53		67			

※ 본 답안지는 컴퓨터로 처리되므로 구겨지거나 더럽혀지지 않도록 조심하시고 글씨를 칸 안에 또박또박 쓰십시오.

한자교육진흥회 [6급] 모의고사 제1회 답안지

■ 객관식 ■

1		6		11		16		21		26	
2		7		12		17		22		27	
3		8		13		18		23		28	
4		9		14		19		24		29	
5		10		15		20		25		30	

■ 주관식 ■

31		41		51		61		71	
32		42		52		62		72	
33		43		53		63		73	
34		44		54		64		74	
35		45		55		65		75	
36		46		56		66		76	
37		47		57		67		77	
38		48		58		68		78	
39		49		59		69		79	
40		50		60		70		80	

한자교육진흥회 [6급] 모의고사 제2회 답안지

◼ 객관식 ◼

1		6		11		16		21		26	
2		7		12		17		22		27	
3		8		13		18		23		28	
4		9		14		19		24		29	
5		10		15		20		25		30	

◼ 주관식 ◼

31		41		51		61		71	
32		42		52		62		72	
33		43		53		63		73	
34		44		54		64		74	
35		45		55		65		75	
36		46		56		66		76	
37		47		57		67		77	
38		48		58		68		78	
39		49		59		69		79	
40		50		60		70		80	

한자교육진흥회 [6급] 모의고사 제3회 답안지

▣ 객관식 ▣

1		6		11		16		21		26	
2		7		12		17		22		27	
3		8		13		18		23		28	
4		9		14		19		24		29	
5		10		15		20		25		30	

▣ 주관식 ▣

31		41		51		61		71	
32		42		52		62		72	
33		43		53		63		73	
34		44		54		64		74	
35		45		55		65		75	
36		46		56		66		76	
37		47		57		67		77	
38		48		58		68		78	
39		49		59		69		79	
40		50		60		70		80	

1단계	1단계	1단계	1단계
身	才	堂	窓
表	消	社	現
神	和	勇	省
雪	發	高	用

창 창

집 당

재주 재

몸 신

나타날 현

모일 사

사라질 소

겉 표

살필 성 /
덜 생

날랠 용

화할 화

귀신 신

쓸 용

높을 고

필 발

눈 설

業 3단계	幸 3단계	短 3단계	共 3단계
樂 3단계	部 3단계	聞 3단계	計 3단계
會 4단계	意 4단계	代 4단계	成 4단계
音 4단계	體 4단계	戰 4단계	急 4단계

함께 공	짧을 단	다행 행	업 업
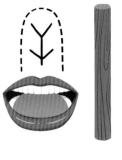			
셀 계	들을 문	떼 부	즐길 락 / 음악 악

이룰 성	대신할 대	뜻 의	모일 회
		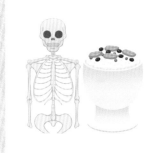	
급할 급	싸움 전	몸 체	소리 음

清 5단계	昨 5단계	班 5단계	利 5단계
注 5단계	風 5단계	線 5단계	藥 5단계
新 6단계	功 6단계	界 6단계	歡 6단계
明 6단계	光 6단계	對 6단계	理 6단계

이로울 리	나눌 반	어제 작	맑을 청

약 약	줄 선	바람 풍	부을 주

마실 음	지경 계	공 공	새 신

다스릴 리	대할 대	빛 광	밝을 명

角 7단계	術 7단계	信 7단계	放 7단계
庭 7단계	等 7단계	今 7단계	球 7단계
形 7단계	始 8단계	運 8단계	集 8단계
果 8단계	公 8단계	分 8단계	各 8단계

놓을 방

믿을 신

재주 술

뿔 각

공 구

이제 금

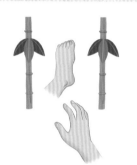

무리 등

뜰 정

모을 집

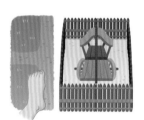

옮길 운

비로소 시

모양 형

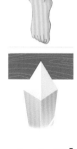

각각 각

나눌 분

공평할 공

실과 과

第	圖	科	題
8단계	8단계	9단계	9단계
書	讀	反	童
9단계	9단계	9단계	9단계
弱	半	作	
9단계	9단계	9단계	

		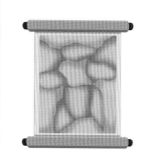	
제목 제	과목 과	그림 도	차례 제

아이 동	돌이킬 반	읽을 독	글 서

	지을 작	반 반	약할 약

勇	用	運	音	飮
날랠 용	쓸 용	옮길 운	소리 음	마실 음
庭	第	題	注	集
뜰 정	차례 제	제목 제	부을 주	모을 집
幸	現	形	和	會
다행 행	나타날 현	모양 형	화할 화	모일 회

意	作	昨	才	戰
뜻 의	지을 작	어제 작	재주 재	싸움 전
窓	淸	體	表	風
창 창	맑을 청	몸 체	겉 표	바람 풍

PLUS